AI와 문학 교육

인공지능총서

인공지능 시대입니다. 기계가 인간의 인지를 대신하고, 사물이 인간을 통하지 않고 다른 사물과 직접 커뮤니케이션합니다. 이에 따른 인간 삶과 문명 변화를 정확히 이해 · 예측 · 대응하는 것은 이 시대 우리 모두의 과제입니다. 인공지능총서는 인공지능 기술과 환경의 여러 주제를 10가지 키워드로 정리합니다. 관련 개념과 이론, 학계와 산업계의 쟁점, 우리 일상의 변화를 다룹니다. 인간과 기술의 현재, 미래를 세심히 분석합니다.

일러두기

- 인명, 작품명, 저서명, 개념어 등은 한글과 함께 괄호 안에 해당 국가의 원어를 병기했습니다.
- 이 책의 일부 내용은 저자가 2023~2024년에 발표한 연구 논문들을 수정·보완한 것입니다.
- 외래어 표기는 현행 어문규정의 외래어표기법을 따랐습니다.

처음이세요?

전문가세요?

AI와 문학 교육

서보호

대한민국, 서울, 커뮤니케이션북스, 2025

AI와 문학 교육

지은이 서보호
펴낸이 박영률

초판 1쇄 펴낸날 2025년 5월 30일

커뮤니케이션북스(주)
출판 등록 2007년 8월 17일 제313-2007-000166호
02880 서울시 성북구 성북로 5-11
전화(02) 7474 001, 팩스(02) 736 5047
commbooks@commbooks.com
www.commbooks.com

ISBN 979-11-430-0264-8 03500

책값은 뒤표지에 표시되어 있습니다.

차례

AI 시대에 문학을 어떻게 가르칠 것인가

인공지능 시대, 문학 교육에 던져진 질문

인공지능이 교육 현장을 빠르게 변화시키고 있다. 비단 교육만이 아니라 모든 분야에서 그 영향력이 확대되고 있지만, 교육 분야에서의 변화들은 괄목할 만하다. 이미 디지털 리터러시 교육에서부터 자동 첨삭 프로그램, 학습 데이터 분석, AIDT(AI Digital Textbook) 등 다양한 형태로 AI가 교실에 스며들고 있다. 문학 교육 역시 이러한 흐름에서 예외가 아니다(김길재, 2025; 서보호, 2023; 최숙기, 2025). AI 기술 중 특히 대규모 언어 모델 기반 생성형 AI인 '챗봇'은 작품 분석, 창작, 감상 등에 직접적으로 활용될 수 있는 단계에 접어들었다. 여기서 주목해야 할 문제는 전통적으로 문학 교육이 강조해 온 정서 함양, 상상력 확대, 비판적 해석 능력 등의 가치가 AI라는 강력한 기술과 어떻게 조화를 이룰 수 있는지에 대한 점이다.

불과 몇 년 전만 해도 인공지능의 활용이라고 하면 쉽게 떠올릴 수 있는 것이 번역과 간단한 정보 검색 정도였다. 그러나 최근 AI 기술의 발전은 예상을 뛰어넘고 있으며, 학습 환경과 교사 · 학습자의 역할을 본질적으로 뒤흔들고 있다. 가령 언어 모델 기반의 AI는 대량의 문학 텍스트를 분석해 작품의 흐름이나 장르적 특징 등을 정리해 주거나, 작가의 문체를 모방해 새로운 글을 생성하기도 한다. 이를 통해 과거와 달리 학습자들은 방대한 정보를 단 몇 초 만에 얻을 수 있게 되었으며, 텍스트 요약이나 작품 배경지식 파악도 전통적인 학습자들에 비해 손쉽게 수행할 수 있게 되었다.

이러한 기술 발전은 교사와 학습자 모두에게 새로운 기회를 제공한다. 그러나 이와 동시에 예기치 못한 고민거리가 생겨났다. 가령 AI가 요약해 주는 작품 해설이 지나치게 단순화되어 학습자들은 작품을 심화 해석하거나 자립적으로 사고할 기회를 놓칠 수 있다. 또한 AI가 제공하는 방대한 데이터를 소화하는 과정에서 교사는 학습자가 얼마나 주체적으로 작품을 이해하는지, 혹은 AI에 의존하여 '정답'만 찾아다니는 것은 아닌지 우려해야 할 수도 있다.

그동안 전통적인 문학 교육은 작품을 읽고 그 안에서 인물과 사건, 주제 등을 파악하면서 정서적 공감 능력과 비판적 해석 능력을 신장시키는 것을 핵심 목표로 삼아 왔다. 이는 문학이 인간의 삶을 반영하고, 그 속에서 독자가 스스로의 삶을 돌아보며 감정을 발산하거나 성찰할 기회를 갖는다고 보기 때문이다. 그런데 AI가 텍스트를 '분석'하고 '요약'하고 더 나아가 '창작'까지 할 수 있다는 사실이 알려지면서, 활자와 글의 역할, 나아가 문학 본연의 의미를 학습자에게 어떻게 전달해야 하는가 하는 근본적 질문이 제기된다.

AI가 정리해 낸 '정답'이 편리해 보이지만, 문학 작품에 대한 해석은 단일한 정답으로 국한되지 않는다. 오히려 문학이 추구하는 가치는 다양한 해석의 '공존'이며, 그 해석이 독자의 삶과 얽혀 재탄생하는 과정이 문학이 존재하는 이유다. 그러므로 AI가 만들어 낸 '효율'적인 해석이나 창작물을 학습자가 그대로 수용한다면, 학습자들이 갖는 독립적인 해석 능력과 감수성은 점차 약화될 위험이 있다. 이 점이 바로 교육과 문학 교육에 등장한 AI에 대해 많은 이들이 걱정을 드러내는 부분이기도 하다.

이와 달리 낙관적인 관점에서는 AI가 오히려 교사나 학생에게 더 깊은 해석을 위한 참고 자료를 손쉽게 제공하여 문학을 보다 풍부하게 이해할 수 있도록 도울 것이라는 주장을 펼친다. 가령 AI가 특정 작품에 대한 시놉시

스, 주요 테마, 관련 문학 비평사를 요약해 준다면, 학습자들은 이러한 정보를 바탕으로 더 심층적인 토론이나 창의적 재해석 과정을 시도할 수 있다는 것이다. 이처럼 AI와 인간의 협력을 통해 교육과 문학 교육이 새로운 차원으로 발전할 수 있다는 관점도 점차 늘어나고 있다.

이러한 시점에 AI를 어떻게 수용할지, 구체적 사례로 무엇을 적용할지 교사 및 교육 연구자들의 고민이 무엇보다 필요하다. 인공지능 시대에 문학 교육이 직면한 도전은 결코 가볍지 않기 때문이다. 교사와 교육 연구자들은 AI라는 새로운 도구를 어디까지, 어떤 방식으로 수용해야 할지 적극적으로 논의해야 한다. 가령 AI를 이용한 채점 · 첨삭 프로그램이 독서 감상문이나 창작 과제를 평가할 때, 기계적 분석에만 의존한 나머지 학습자의 창의적 시도나 독특한 표현을 놓치지는 않을지 주의해야 한다. 또한 AI가 내놓는 해설에만 익숙해진 학습자들이 텍스트를 독립적으로 탐색하고 질문하는 능력을 잃어버리지는 않을지도 염두에 둬야 한다.

이제는 돌이킬 수 없을 정도로 인공지능의 진전은 점차 급격해지고 있으며, 이러한 흐름이 문학 교육에 가져올 파장은 지대하다. 교사는 기존의 역할을 재정립해야 할 필요가 있으며, 학생들도 새로운 학습 도구를 통해 문학을 접하는 경험을 늘려야 할 것이다. 이러한 흐름 속에서 문학 본연의 의미를 지키고, 이와 함께 AI가 제공하는 확장성을 현명하게 활용해야 하는 것이 바로 지금 우리에게 주어진 과제다. 무엇보다 이 책에서는 이러한 고민을 담아내는 동시에 AI 시대에 문학 교육이 수행해야 할 역할과 구체적인 방법들을 제시해 보려고 한다.

문학적 감수성과 창의성, 여전히 중요한가

인공지능 시대가 가속화될수록 '문학적 감수성과 창의적 사고력이 그토록 중요한가?'라는 물음은 더욱 반복될 것으로 예상된다. AI가 자동으로 생성해 주는 텍스트나 요약 결과는 학습자들이 빠른 시간 안에 많은 지식을 얻고 문제를 해결하는 데 큰 도움을 준다. 이러한 상황에서 "감수성이나 창의력도 AI가 더 잘 해낼 수 있는 것 아닌가?"라는 극단적 전망까지 출현할 수 있는 것이다. 그러나 문학이 근본적으로 인간의 존재 그 자체를 사유하고, 타자의 고통이나 기쁨을 함께 느끼는 지극히 '인간적인' 영역에 뿌리를 두고 있다는 점에서 문학과 인간의 관계가 갖는 의미는 결코 가볍게 볼 수 없다(김청우, 2024).

문학 교육은 작품을 읽고 쓰는 과정에서 학습자들이 정서적으로 성장할 수 있게 돕는다. 그리고 문학 작품은 그 과정에서 독자에게 단순한 정보 이상의 의미를 제공한다. 이야기를 통해 인물의 내적 세계를 살피고, 갈등을 해결해 가는 서사를 파고들며, 독자는 삶의 부분과 전체를 간접적으로 경험한다. 이 과정에서 학습자는 감정이입, 공감 능력, 타자와의 소통 방식 등을 학습하게 된다. 나아가 문학 작품을 해석하고 비평하는 과정을 통해 학습자는 논리적이고 체계적인 사고력을 함양할 수 있다. 종래의 문학 교육은 바로 이러한 정서적 · 인지적 성장을 '작품을 읽고 쓰는' 구체적인 행위를 통해 실현시켜 왔다.

특히, 학습자들은 글쓰기 과정 안에서 자신의 목소리를 찾고, 문학적 언어와 서사를 통해 내면의 감정을 표현하며, 생각의 폭을 넓혀 왔다. 이는 인간이 언어를 매개로 하여 자기 자신을 탐색하는 과정이라고도 할 수 있다. 이런 지점에서 문학 교육은 예술 교육이면서 동시에 인성 교육이기도 하다.

그러나 인공지능 시대로 급격히 변화해 나가면서 학습자들은 AI를 통해 정보를 '빠르게' 얻고, '효율적'으로 해결책을 획득하는 경향이 늘어났다. AI의 사용이 늘면서 학습자들은 작품에 대한 배경지식이나 해석, 나아가 작품에 대한 간단한 요약과 분석 등을 순식간에 얻을 수 있다. 가령 소설이나 시를 다루는 수업에서, AI는 특정 작품의 역사적 배경이나 주인공의 특징, 작가의 의도를 자동으로 정리해 줄 수 있다. 이를 활용하면 학습자들은 단시간에 '지식'을 늘릴 수 있고, 수업에서 더 높은 수준의 토론이나 창작 활동을 수행할 수도 있다. 겉으로는 대단히 효율적인 교육 방식으로 여겨진다.

하지만 동시에 고민해 볼 것은, 학습자가 수동적으로 AI가 전달하는 정보를 소비하기만 할 때, 문학을 통해 얻을 수 있는 이성적 사고나 상상력, 그리고 작품 해석 과정에서 마주하게 되는 성찰이 감소하게 된다는 점이다. 실제 문학 교육에서 효율의 문제는 항상 이중성을 갖는다. 가급적 작품을 깊이 읽고 오랜 시간을 들여 사유하며 느끼는 정서적 체험은 효율이라는 기준으로 가늠하기 어렵다. 인공지능 시대에 문학 교육이 안게 된 딜레마는 바로 이러한 지점이다. 지식 습득의 효율이냐, 아니면 느리고 비효율적으로 보이지만 풍부한 인간적 체험이냐, 하는 문제가 놓여 있는 것이다. 이는 궁극적으로 둘을 어떻게 조화시킬 수 있을 것인가의 문제로 귀결된다.

결국 감수성의 함양과 창의적 사고 등 예술에서 인간과 밀접한 요소가 어떤 방식으로 AI와 조화를 이룰지 논의가 필요하다. AI가 텍스트의 특정 분야의 핵심 정보를 몇 초 만에 찾아 주고, 작품에 대한 요약 · 비평을 자동으로 생성할 수 있는 시대이기는 하지만, 작품 해석은 단순히 정답을 찾는 문제가 아니라는 점을 다시 한번 환기할 필요가 있다. 같은 작품이라 해도 독자나 학습자에 따라 자신만의 감상과 의미를 발견할 수 있으며, 작품을 대하는 태도나 이해 수준도 천차만별이다. 게다가 문학적 감수성은 단지 언어적 분석이나 지식의 측면에 국한되지 않고, 심미적 경험과 정서적 반응을 포함하기에 목표에 도달하는 것만큼 과정이 중요한 것이다.

그렇다면 이러한 인간적인 요소, 즉 '감수성', '해석의 다양성', '창의적 발상'이 AI 시대에 어떻게 자리 잡을 수 있을까? 다양한 경우들을 상정할 수 있겠지만, 가령 AI가 제공하는 효율적인 분석 결과를 활용하여, 교사나 학습자가 더 높은 차원의 교육적 활동을 수행할 수도 있을 것이다. 오히려 종래에 텍스트의 기초적인 내용 파악에 소모되던 시간을 AI가 도와주어, 수업 시간에 더 깊이 있는 비판적 사고나 토론, 글쓰기에 집중할 수도 있다. 이와 함께 AI가 자동으로 생성해 주는 요약 · 해설을 비판적 시각으로 검토함으로써 학습자들의 사고력을 오히려 강화할 수도 있다(이재기, 2024).

여기서 주목해야 하는 것은 결국 문학 교육에서 AI를

'어떻게' 활용하느냐다. AI가 생성한 정보를 맹신하기보다는 그것을 다루는 방법에 대해 고민해야 할 시점인 것이다. 교사는 학생들에게 AI의 분석 결과 역시 다양한 관점 중 한 가지 시각일 뿐이고, 그것이 학습자의 독립적인 해석을 대체하는 정답이 아님을 강조해야 한다. 또한 창의적 발상은 기계화된 분석 결과와 달리, 예측하기 어려운 인간적 상상과 탐구를 통해 출현하는 경우가 많다. 문학 교육에서는 이러한 측면을 더욱 발전시켜야 한다.

정리하자면 인공지능 시대에 감수성과 창의적 사고의 의미는 결코 약화되지 않는다. 오히려 AI라는 새로운 협력자를 만난 문학 교육은, 이제 인간의 정서적・예술적 역량의 중요성을 더욱 무겁게 받아들일 필요가 생겼다. 이제 문학적 감수성과 창의적 사고는 AI를 통해 전달받아야 하는 결과물이 아니라, 교육 현장에서 길러 나가야 하는 핵심 자원이 된 것이다.

이와 함께 생각해 볼 것은 "문학 교육에서 인간이 해야 할 고유한 역할은 무엇이며, 인공지능이 이를 어떻게 도울 수 있는가?"라는 물음이다. 문학적 감수성과 창의적 사고가 고유한 가치를 지닌다는 결론에 도달했다면, 이제 우리는 AI 기술이 단순히 보조 도구에 머무는지, 아니면 문학 교육 전체에 새로운 패러다임을 불러오는지 검토해 봐야 하는 것이다. 그리고 이는 문학 교육과 AI가 공존하려면 어떤 조건과 방법론이 필요한지로 귀결된다. 이는 단순히 AI 도구의 효율적 활용이라는 측면뿐만 아니라, AI가 주도하는 창작 · 감상 · 분석 방식이 기존 문학 교육의 정체성에 어떠한 변화를 불러일으킬지 포함하는 본질적인 논의가 될 것이다.

AI, 단순 도구인가 새로운 패러다임인가

인공지능을 문학 교육에 도입할 때, 먼저 떠오르는 것은 AI가 작품의 요약 · 분석 등 반복적 작업을 대신 할 수 있다는 '기대'다. 가령 소설의 줄거리 정리나 인물 관계 파악 등에 AI를 활용하면, 교사와 학생이 소비했던 시간을 상당히 줄일 수 있다. 그러나 이처럼 '도구'로 보는 시각과 달리, AI가 직접 해석과 창작을 수행함으로써 문학 교육에 큰 영향을 미칠 것이라는 염려도 있다. 그에 따라 AI의 기능과 역할이 어디까지 확장될지에 대해 교육 현장에서는 다양한 시각이 존재한다.

먼저 AI를 보조적인 학습 도구로 삼아 인간 중심의 교육을 보완한다고 보는 도구적 관점을 살펴보자. 종래의 교육 현장에서는 작품 구조 분석, 배경지식 제공 등을 위해 교사와 학생이 많은 시간을 들였다. 하지만 AI가 필요한 정보를 처리해 준다면, 수업은 보다 쉽고 빠르게 운영될 가능성이 있다. 챗봇 형태의 AI는 학습자들에게 자동화된 피드백을 전달하기도 한다. 학생들을 개별적으로 지도하기 어려운 현실에서, 학생 맞춤형 응답을 줄 수 있다는 장점이 있는 것이다. 이런 관점에 따라 AI가 교사의 '조력자' 역할을 맡고, 교사와 학생은 더 심층적인 논의와 창의적 과제에 집중할 수 있는 측면이 있다. 결국 문학 교육의 핵심은 여전히 교사와 학생 몫이며, AI는 분석 · 정리 작업을 처리해 주는 보조 도구라는 것이다.

이와 달리 AI가 문학을 다루는 방식 자체를 근본적으로 변화시킬 것이라는 패러다임 전환의 시각도 주목할 만하다. AI는 단순한 요약을 넘어 새롭고 색다른 텍스트를 창작하거나, 주제 및 결말을 바꾸는 등 창의적 작업을 처리할 수 있다. 학습자 입장에서는 AI가 만들어 낸 새로운 결말이나 캐릭터 변형을 경험하며, 문학적 상상력을 과거와 다른 차원으로 발전시킬 수 있다. 한 작품에 대한 권위 있는 해석만을 주입받기보다는 AI가 제공하는 다양하고 무한히 변주 가능한 관점을 접하다 보면, 문학 교육 전반의 구조가 근본적으로 달라질 수 있는 것이다. 가령 학습자와 AI가 질문과 답변을 주고받는 과정에서, 학습자는 AI와 대화하며 텍스트 세계를 재구성하는 주체로 발전하게 된다.

결국 이러한 접근을 따르다 보면 AI가 만들어 내는 텍스트와 인간의 문학적 사고가 서로 교차되는 지점에서 문학 교육의 지형이 대폭 변할 것을 예상하게 된다. 작품 감상을 넘어서 AI와 함께 이야기를 재창조하고 다양한 해석을 시도하는 형태의 교육이 늘어날 수 있다는 전망이다. 그러므로 AI를 단순 도구 이상으로 바라보고, 문학 교육의 패러다임 자체를 재설계해야 한다는 목소리에 힘이 실린다.

이와 같이 AI에 대한 도구적 · 전환적 시각은 현장에 따라 혼재할 공산이 크다. 교사는 일단 AI가 제공하는 편의성과 효율성을 활용하고, 이와 함께 AI가 텍스트를 재구성 · 창작하는 양상을 학습자에게 설명해 주면서 윤리적 · 미적 측면을 함께 교육할 수 있다. 여기서 핵심은 새로운 도구의 단순 활용에 머무르지 않고, 문학 교육의 목표 · 내용 · 방식을 재정비하는 출발점으로 삼아야 한다는 점이다. AI가 텍스트를 자동 생성해 준다고 해석과 창작 교육의 필요성이 사라지지는 않는다. 오히려 학습자들은 "AI가 왜 이런 결과를 내놓았을까"를 비판적으로 성찰하고, 인간적 감수성과 취향을 덧붙여 새로운 텍스트를 만들어 낼 수 있다.

결과적으로 문학 교육에서 AI는 단순 도구로도 활용될 수 있으며, 완전히 새로운 교육 패러다임을 이끄는 동력으로도 작동할 가능성이 있다. 급진적인 변화를 추구하는 교육 현장도 있을 것이고, 신중하게 보조적 측면만을 활용하는 교육자도 있을 것이다. 이러한 갈림길에서 무엇보다 중요한 것은 "AI가 만들어 낸 텍스트나 분석 결과와 인간의 문학적 해석 · 창작이 어떤 식으로 상호 작용을 이루느냐"하는 것이다. 교육 과정에서 AI가 처리해 낸 결과물을 학습자들이 비판적 시선으로 검토하는 시간을 늘린다면, 문학 교육은 오히려 더 폭넓고 다채로운 경험을 학습자에게 선사하게 될 것이다. 그리고 바로 이러한 지점이 문학의 본질인 인간성과 창의성을 지키면서도 AI를 의미 있게 활용할 수 있는 길이 될 것이다.

인간 중심 문학 교육과 AI의 공존 가능성

인공지능 시대에 문학 교육을 어떻게 '인간 중심'으로 유지할 수 있을지는 커다란 물음으로 남아 있다. 애초에 문학 교육은 언어를 사용해 자신과 세계를 해석 · 표현하며 타인과 소통한다는 인문학적 신념을 바탕으로 했는데, AI가 텍스트 창작과 분석의 상당 부분을 대신할 수 있게 되면서 "인간의 고유 역할이 약화되는 것 아닌가"

라는 우려가 부상한다. 여기서는 그러한 우려 속에서도 인간 중심 문학 교육이 AI와 어떻게 공존할 수 있는지, 그리고 그 공존이 어떤 시너지를 낳을지 구체적으로 살펴본다.

먼저 AI가 인공지능 시대가 도래되면서 학자들이 새로운 교육적 내용이 아니라 '책 읽기'나 '일상 탐구하기' 같은 본래적인 내용을 강조한다는 점에 주목할 필요가 있다(김윤미, 2025). 발전해 나가는 새로운 기술을 익히기 위해 급급한 것이 아니라, 인간이 살아가는 현실의 문제들을 어떻게 다룰 것인가 하는 점이 인공지능 시대에 더 긴요해진 문제가 된 것이다. 이런 전제하에서 문학 교육의 핵심 요소도 '질문'에 놓일 가능성이 크다. 실제 문학 교육의 핵심적인 역량은 타자에 대한 공감, 대상에 대한 창의적 이해와 관련하여 많은 텍스트를 읽고 해석하는 데 집중해 온 측면이 있었는데, AI를 활용한 교수 학습 설계를 통해 학습자들은 텍스트와 자기 자신에 대한 보다 심화된 질문을 던질 수 있다. 가령 AI가 제공하는 기본 구조나 인물 관계를 효율적으로 받아들인 뒤, 학습자는 "왜 이런 갈등이 일어났나?", "서사 내적인 현실과 나의 현실은 어떤 관련이 있는가?" 등을 더 깊이 질문해 볼 수 있다. 즉, AI가 1차적인 분석을 전달하는 동안 인간은 예술적 · 미적 가치를 탐구하고 인간에 대한 성찰을 수행함으로써, 수업의 밀도와 성과를 늘릴 수 있다.

창작을 토대로 수행하는 수업에서도 마찬가지다. 학습자들이 백지상태에서 새로운 내용을 구상할 때 겪는 어려움은 적지 않은데, AI가 특정 장면이나 결말을 초안 형태로 제시하면, 학습자들은 거기에 살을 붙이거나 전혀 다른 내용을 만들어 낼 수 있다. 이는 학습자의 부담을 낮추고, 학습자가 좀 더 전체 과정을 익숙하게 다뤄 내는 데 도움을 준다.

다만 AI가 제시한 내용에 대한 '문학적 타당성'이나 '윤리적 · 미적 함의'를 인간이 판단하고 검토해야 한다는 점 또한 중요하다. AI의 제안이 단순히 문법적으로 그럴듯할 뿐, 학습자 개인의 상상력이나 경험, 현실을 담아내지 못한다면, 교사와 학습자가 이를 비판적으로 검토하고 수정함으로써 문학 교육의 근본적인 의미를 잃어버리지 않도록 해야 한다.

이와 함께 "AI를 어디까지 신뢰할 것인가"라는 의문에 대해서도 필연적으로 고민해 봐야 할 것이다. 문학 교육과 인공지능의 공존의 전제가 되는 것은 AI가 주는 텍스트나 분석 결과를 무비판적으로 수용하는 것이 아니라, 인간이 주도적으로 재해석하고 재구성한다는 점이다.

즉, AI가 빠르게 찾아낸 배경 정보나 언어적 특성을 기반으로 교사와 학습자가 최종 의미를 함께 구성해 가야 한다. 이는 수동적으로 정보를 수용하는 교육이 아니라, AI와의 협업을 통한 적극적 · 주체적 학습을 상정한다.

이처럼 공존을 실현하기 위해서는 실제 교육 현장에서 인공지능을 활용할 수 있는 방법을 다양화하고, 교사와 학습자가 해석과 비판적 성찰에 집중할 수 있는 프로그램을 구성할 필요가 있다. 가령 AI를 활용해 장르 바꿔 쓰기를 하거나, 텍스트 마이닝, 네트워크 분석 등을 수행하고, 이에 대해 학습자들이 본격적으로 작품 해석과 토론, 창의적 글쓰기에 몰입할 수 있다. 교사는 기존의 방식대로 작품 해설에 많은 시간을 들이기보다는 학습자와 함께 작품의 미적 · 사상적 측면을 탐구하는 데 집중할 수 있다. 이와 함께 학습자 과제물 평가 과정에서 AI가 초보적인 오류 검사나 유사도 검사를 맡으면, 교사는 학습자의 논리적 완성도나 표현력을 좀 더 세밀하게 살펴볼 수 있다. 다만 이 경우에도 AI의 처리 결과를 최종 판단으로 삼아선 안 될 것이며, 그 결과물을 교사가 종합해 교육적으로 의미 있는 피드백을 구성할 수 있도록 해야 한다.

장기적으로 바라보건대 결과적으로 인간의 창의성 ·

비판적 사고 · 윤리적 판단은 이전처럼 문학 교육에서 중요한 가치로 남을 것이다. AI가 점점 정교해진다 하더라도 작품 감상에서 오는 감동이나 예술적 통찰은 기계가 처리해 줄 '무엇'이 아니라, 인간이 누릴 '무엇'으로 남기 때문이다. 따라서 문학 교육의 방향은 변화해 가는 시대에 인간적인 감수성을 어떻게 더 잘 배양할 것인지, 그리고 AI를 어떻게 수용할지에 맞춰질 수밖에 없다. 나아가 문학 작품의 감상과 해석을 넘어서, 학습자는 "AI가 왜 이처럼 분석했을까?" 혹은 "이 내용을 추가한다면 어떤 효과가 생길까?" 같은 질문을 통해 인간과 기계의 관계에 대해서도 성찰할 기회를 얻을 것이다. 즉 학습자는 인공지능을 활용한 문학 교육 안에서, 인간의 위치를 잃어버리기보다는 더 적극적으로 인간에 대해 사유할 기회를 얻을 수 있는 것이다.

이는 인간이 인공지능을 활용하는 일방향적인 관계가 아니라 인간-AI의 쌍방향적인 관계를 전제할 때 가능해지는 지점일 것이다. 학습자는 인공지능을 활용한 교육 프로그램 안에서, AI가 제시한 내용을 비판적으로 바라보고, 의도적인 '개성'을 추가하는 과정을 수행할 수 있다. 이는 문학 교육이 지향하는 '소통'과 '다양한 관점의 존중'이라는 목표에 부합한다. AI를 단순히 수업에 도입하는 것만으로 새롭고 독특한 결과가 나오기를 기대해서는 안 될 것이지만, 새로운 교육 방법을 통해 학습자들은 인공지능과 쌍방향적으로 소통하고 협력함으로써, 종래의 문학 교육과는 차별화된 경험을 얻을 것이다.

물론 이를 뒷받침하기 위해서는 학습 플랫폼이나 정책 차원에서 AI 활용을 위한 인프라가 필요하다. 교사 연수, 디지털 교과서 및 교육 자료 개발, 평가 방식의 개선 등 종합적인 지원이 동반되어야 한다. 하지만 가장 중요한 것은 "AI 시대에 문학 교육은 누구를 위한 것인가?"라는 질문일 것이다. 학습자들이 능동적으로 AI를 다루면서, 주체적 학습 태도와 함께 기술적 이해, 윤리 의식도 키워 나가도록 안내해야 한다. 교사는 AI가 정보를 손쉽게 양산해 주는 과정에서 학습자들이 자칫 문학 교육의 본질적 의미로부터 멀어지지 않도록 길잡이를 해 주고, 비판적 사고와 창의적 글쓰기에 집중할 수 있도록 독려해야 한다.

정리하자면 AI 시대의 문학 교육은 AI를 무조건 배척하거나 맹목적으로 수용하지 않는 제3의 길을 모색하는 과정이다. 교사와 학습자는 AI를 하나의 협력자로 삼아 새로운 교육적 시도에 임하되, 문학 작품에 대한 고유한 해석과 예술적 감상을 이어갈 필요가 있다. 이 과정에서 문학 교육은 한층 다양하고 의미 있는 학습 경험을 제공할 수 있을 것이다. 학습자들은 문학을 향유하는 것과 함께 디지털 도구를 활용해 새로운 표현과 의미를 창출하는 과정을 접할 것이며, 이러한 과정이야말로 AI 시대에도 인간적 가치를 탐색해 나가는 문학 교육의 궁극적 목표라 할 수 있다.

참고문헌

김길재(2025). ChatGPT vs Gemini 생성형AI를 활용한 자동 채점 및 피드백의 가능성과 한계. ≪청람어문교육≫, 195-225쪽.

김윤미(2025.2.25). 이제 시작된 AI 시대, 전문가들이 강조한 교육은?. MBC, https://imnews.imbc.com/replay/2025/nwdesk/article/6690359_36799.html

김청우(2024). 생성형 AI와 시 시의 본질을 다시 묻다. ≪한국시학연구≫, 9-54쪽.

서보호(2023). 빅데이터 분석 방법을 활용한 교육 방안 연구 - ChatGPT 기반 학습 과제 데이터의 피드백을 중심으로. ≪리터러시 연구≫, 189-210쪽.

서보호(2024a). 김유정 소설의 계량언어학적 연구 - 농촌소설과 도시소설의 어휘 분석을 중심으로. ≪인문논총≫, 107-128쪽.

서보호(2024b). 네트워크 분석을 활용한 염상섭 『삼대』의 인물 연구 - '중심성'과 '커뮤니티'를 중심으로. ≪전남대 어문논총≫, 153-182쪽.

서보호(2024c). AI를 활용한 소설 교육 방안 연구 - 소설에 대한 매체 및 장르 바꿔쓰기를 중심으로. ≪비평문학≫, 145-172쪽.

이재기(2024). AI 저자의 텍스트를 읽는 인간 독자의 자세: AI 시대의 비판적 문식성. ≪독서연구≫, 9-47쪽.
최숙기(2025). 생성형 AI 기반 한국어 글쓰기 피드백의 질 평가 도구 개발 및 타당화 연구. ≪청람어문교육≫, 227-263쪽.

01
문학 교육의 변화와 AI의 역할

인공지능 시대에 문학 교육을 재구성하려는 시도는 전통적 지식 전달 중심의 한계를 넘어서 학습자 주도의 감상과 창의적 해석을 강조한다는 점에서 주목받는다. 이러한 접근은 교사와 학습자의 역할 변화를 이끌어 내며, 동시에 AI를 활용해 문학 텍스트에 대한 새로운 독법들을 만든다. AI와 문학 교육을 연결하려는 시도는 인간 본연의 감수성과 창의력을 더욱 증대시키는 한 가지 방법이 될 것이다.

AI와 1인 창업?

문학 교육의 전통적 역할과 한계

문학 교육은 긴 시간 동안 학습자의 정서 및 인지적 성장을 돕고, 인문학적 소양을 길러 주는 중요한 교육 영역으로 존재해 왔다. 종래의 문학 교육은 주로 고전 · 현대 문학 작품을 활용해 학습자들이 작품의 배경, 인물, 주제, 작가 의도 등을 파악하고 감상하면서, 이와 함께 감수성과 상상력, 창의적 사고력을 기르는 것을 목표로 삼았다. 또한 문학 작품을 통해 학습자가 타인의 삶을 간접적으로 체험하고, 역사적 맥락을 이해하며, 윤리적 성찰을 할 수 있도록 안내했다. 이 과정에서 작품에 대한 교사의 분석과 설명을 중심으로 하는 수업이 일반적이었고, 학습자는 주로 작품을 수동적으로 감상하거나 작품을 이해하는 데 초점을 두었다.

그러나 기존의 문학 교육이 안고 있던 아쉬운 점들은 디지털 시대가 본격적으로 도래하면서 새롭게 부각되고 있다. 스마트 기기의 보급과 온라인 환경의 변화, 그리고 학습자들의 매체 소비 방식의 변화 등 다양한 요인이 작용함에 따라 이에 발맞추어 다양한 목소리들이 증가하고 있다.

가령 종래의 문학 교육은 디지털 시대의 학습자 욕구와는 거리가 멀다는 인식이 존재한다. 현재의 학습자들은 스마트폰, 태블릿, 컴퓨터 같은 디지털 기기에 익숙하며, 인터넷 기반의 정보 검색과 SNS, 영상 · 이미지 · 음성 콘텐츠를 적극적으로 소비하는 세대다. 이들은 텍스트 기반의 콘텐츠를 접할 때도 전자책, 오디오 북, 스마트폰 등 다양한 형태를 통해 접근하는 경우가 많다. 하지만 전통적 문학 교육 방식은 종이 교과서나 단행본 책을 활용한 분석적 감상에 치우쳐 있어, 이러한 환경의 변화를 반영하기 어려운 면이 있다. 물론 문자를 기반으로 하는 문학의 고유한 특성이 상상력과 사고력을 증진시키기 때문에 기존의 방식을 모두 배척할 수는 없지만, 학습자들은 여전히 작품 자체가 지닌 정적인 형태보다 시청각적인 요소가 풍부한 멀티미디어 콘텐츠에 훨씬 더 끌리는 경향이 있으므로 이에 대한 고민이 필요하다.

또한 일방적 지식 전달 및 평가 중심의 기존 수업 방식에 대해서도 되돌아볼 필요가 있다(조유라, 2023). 모든 예술 작품과 더불어 문학 작품의 해석 또한 다양성을 지향하는데, 종래의 문학 교육에서는 객관식 평가로 환원되는 교육의 특성상 표준적인 분석과 정답이 강조되는 경우가 많았다. 물론 문학 작품에 대한 전문적 분석과 문학사적인 맥락을 이해하는 것도 중요하다. 하지만 그 과정에서 학습자 스스로 작품을 읽은 능력을 키우지 못한다면, 문학 교육은 학습자에게 읽는 능력을 길러 주기보다는 맞추는 능력만을 강요하게 될 것이다. 이러한 기존의 수업 방식은 결과적으로 학습자의 흥미를 떨어뜨리고, 문학 작품을 시험용 지문으로 만들 뿐이다. 학습자들은 문학 수업을 통해 작품의 감동을 나누지 못하고, 작품에 대한 표준적인 해석을 외우거나 평가가 끝난 뒤에는 곧바로 잊는 형태가 반복될 뿐이다.

다음으로 매체와 장르의 다양화가 빠르게 진행되고 있음에도 불구하고, 이러한 변화가 교실에는 늦게 도달하는 점이 있다. 21세기 들어 다양한 장르와 매체가 주목받기 시작했지만, 교실에서 이를 적극적으로 도입하거나 교육 과정에 반영하는 사례는 많지 않다. 게다가 드라마와 영화에서 나아가 K-웹툰 · 웹 소설 같은 디지털 서사 기반의 장르가 세계적으로 인기를 끌고 있는 시점에 이러한 다양한 장르들을 문학 교육이 어떻게 다룰지의 문제도 존재한다. 이는 학습자가 실제로 접하는 디지털 콘텐츠와 문학 교육이 연결되지 않거나, 서로 다른 영역으로 치부됨에 따라 학습자들은 교실에서 읽는 법을 배워 시야를 넓히기보다는 교실에서의 읽기에만 눈을 감아 버릴 우려가 있다.

문학 교육이 지닌 이러한 전통적 역할과 이에 대한 다

양한 변화의 요구들은 AI 시대에 더욱 선명하게 나타난다. 새로운 학습자들의 미디어 리터러시 수준은 빠른 속도로 높아지고 있으며, 이와 함께 AI와 빅 데이터 등 디지털 기술의 활용 범위가 확대됨에 따라, 현장 교사와 교육자들에게 높은 수준의 전문 지식이 필요하게 되었기 때문이다(김동주, 2024).

이 책에서는 바로 이러한 문제의식을 염두에 두고 문학 교육의 전환점에서 AI가 어떤 역할을 할 수 있는지, 그리고 이를 통해 교실 현장에 어떤 변화들을 만들 수 있는지 살펴보려고 한다.

AI가 가져올 문학 교육 패러다임 전환

인공지능은 더 이상 미래의 기술이 아니라 이미 일상생활 곳곳에 존재하는 보편적 기술이 되었다. 자동 번역기, 음성 인식 비서, 콘텐츠 추천 알고리즘 등은 우리가 알지 못하는 사이에 일상 깊이 들어왔다. 교육 분야도 크게 다르지 않다. AI를 활용한 학습 플랫폼, 에듀테크, 인공지능 학습 분석 시스템 등이 꾸준히 개발되어 도입되고 있다. 문학 교육 역시 이러한 큰 흐름에서 벗어날 수 없다. 오히려 문학 텍스트가 지닌 언어에 대한 민감성과 창의적 해석 가능성을 인공지능과 결합했을 때 더 큰 상승효과를 기대할 수 있다.

인공지능이 문학 교육에 가져올 가장 큰 변화 중 하나는 학습자의 역할이다. 학습자는 인공지능을 어떻게 사용하느냐에 따라 보다 능동적으로 문학 작품을 탐구할 수 있는 가능성을 얻는다. 종래에는 교사가 질문을 던지고, 학습자가 답을 찾은 뒤 교사의 피드백을 받는 구도가 일반적이었다. 하지만 이러한 구도에 인공지능의 개입은 많은 변화를 불러일으킨다. 가령 AI 기반 인터랙티브 학습에서처럼 학습자는 작품과 관련된 사항들을 즉각적으로 피드백받을 수 있다. 교수자-학습자의 양자 관계는 교수자-학습자-인공지능의 삼자 관계로 변모함에 따라 수직적인 관계에서 보다 수평적인 관계로 나아갈 가능성을 얻는다. 물론 이 과정에서도 교사는 학습자와 AI의 상호 작용이 적절한지 관찰할 필요가 있고, 때때로 개입해 부연하거나, AI가 제공한 정보의 신뢰도를 평가하도록 안내할 수 있다. 이는 단순히 정보 습득 차원을 넘어 학습자가 문제를 제기하고 해결하는 순환 과정을 주도적으로 경험하게 만들 수 있다.

이뿐만 아니라 AI는 방대한 데이터를 처리하고 통계적으로 분석하는 데 뛰어나다. 이를 문학 교육에 적용하는 과정에서 학생들은 인공지능 시대에 필요한 디지털 리터러시 능력을 함께 배울 수 있다. 가령 시 텍스트에 사용된 특정 어휘 군집이나 반복 패턴을 AI가 분석해 주면 학생들은 작품을 정서적으로 감상하는 데 머물지 않고, 데이터 분석 전문가와 같이 또 다른 시각으로 텍스트 구조를 이해할 수 있다. 나아가 학생들은 인공지능을 통해 창작에 도움을 받거나, 텍스트에 대한 자신의 이해를 점검하는 등 다양한 시도를 할 수 있는데, 이 과정에서 문학 텍스트에 대한 깊이 있는 체험과 창의적 응용을 동시에 체험할 수 있다(문희경, 2023).

이러한 인공지능의 특징을 교육에 활용하다 보면, AI 시대의 문학 교육에서 교사의 역할 또한 많이 변모하게 될 것이다(백승호, 2024). 모든 과목에서 교사는 AI가 제공하는 정보를 무분별하게 수용하지 않도록 비판적 관점을 길러 주고, 정보의 진위나 의도를 파악할 수 있도록 지도해야 한다. 즉 인공지능 시대의 기술과 그 의미를 교수자가 전부 숙지할 필요는 없지만, 인공지능의 한계에 대해 학습자들과 함께 논의함으로써 기술을 대하는 비판적 태도를 가르칠 수 있다.

많은 사람이 인공지능은 기존의 문학 교육이 강조하던 정서적인 공감과 비판적인 사고를 기르는 데 부정적 영향을 미칠 것이라고 걱정한다. 그러나 이와 달리 AI를 어떻게 활용하느냐에 따라 학습자는 작품을 새롭게 읽어 낼 수 있다. 학습자들은 AI가 산출한 해석이나 결과물을 보면서 "나는 왜 이 해석에 동의 혹은 반대하는가?" 또는 "이 작품을 이렇게 변주하면 어떤 미적 의미가 발생하는가?" 등을 질문하는 과정에서 인간과 문학 작품, 인간과 기계의 관계에 대해 비판적으로 사고할 기회를 얻게 되는 것이다.

문학 교육은 오랜 시간 동안 학습자의 내면을 풍요롭게 하고, 문화적 맥락 안에서 인간의 다양성을 이해하도록 돕는 역할을 수행해 왔다. 하지만 디지털 시대의 흐름 속에서 새로운 변화에 적극적으로 대응하지 않는다면 기존의 문학 교육이 지켜 내던 가치들도 제대로 주목받지 못할 수도 있다. 이런 상황에서 AI 기술의 등장은 문학 교육의 위기이자 기회가 될 수 있다. AI를 활용할 때 다양한 방식으로 작품을 분석하거나 창작을 시도해 볼 수 있을 뿐만 아니라, 교육 환경도 학습자 중심의 상호작용 수업이나 프로젝트 수업으로 전환될 가능성이 높아지기 때문이다.

물론 인공지능 기술의 도입이 손쉽게 교육 현장을 뒤바꾸기에는 제도적으로 넘어야 할 과제가 많은 것도 사실이며, 교사와 학습자 모두 AI 도구를 제대로 활용할 역량을 갖출 시간도 필요하다. 그럼에도 불구하고 문학 교육자들이 인공지능 기술의 활용을 멀리하기보다 그것을 효율적으로 활용할 방법을 탐색하고, AI의 한계와 그 장점을 수용한다면 오히려 기존의 문학 교육의 가치를 지키면서도 흥미와 깊이를 증대시킬 수 있을 것이다.

앞에서 언급한 바와 같이 문학 교육의 변화는 이미 시작되었다. 이러한 상황에서 AI의 역할은 단순한 보조 도구 이상이 될 수 있다. 교육 현장에서 전통적 문학 교육에 인공지능이라는 새로운 도구를 적절히 접목할 수 있다면, 학습자는 디지털 시대에 꼭 필요한 비판적 사고와 정보에 대한 판단 능력을 더 효과적으로 배우게 될 것이다. 이어지는 장들에서는 보다 구체적인 AI 활용 방안, 예컨대 매체 변용, 네트워크 분석, 텍스트 마이닝 등의 사례를 다룰 예정이다. 학습자와 교수자가 함께 문학을 새로운 방식으로 읽고, 문학을 통해 인간과 세계에 대한 시각을 어떻게 심화해 나갈 수 있을지 구체적 논의를 이어갈 것이다.

참고문헌

김동주(2024). 문학 읽기를 위한 AI 활용 방향 탐색. ≪독서연구≫, 449-476쪽.

문희경(2023). 도구적 성격에 따른 국어과 AI 활용 방안 연구. ≪청람어문교육≫, 7-32쪽.

백승호(2024.4.18). AI 디지털 교육의 핵심은 교사. ≪한국교육신문≫, https://www.hangyo.com/news/article.html?no=101422

조유라(2023.2.23). 챗GPT 등장으로 암기 대신 인문교육 중요해질 것. ≪동아일보≫, https://www.donga.com/news/Society/article/all/20230223/118031348/1

02
문학 교육에 등장한 AI와 디지털 리터러시 도구

디지털 시대에 들어서면서 문학 교육은 더 이상 전통적인 텍스트 분석이나 감상에 머무르지 않는다. 여기서는 AI 기술과 디지털 리터러시가 결합해 문학 교육에 어떤 새로운 가능성을 열어 주는지 살펴본다. 이를 통해 학습자들은 단순한 독서 · 감상을 넘어, AI 기반의 다양한 도구와 상호 작용하며 보다 창의적이고 주도적인 문학 학습 경험을 쌓게 될 것이다.

AI와 MBTI?

디지털 리터러시 개념: 확장된 언어 능력의 총체

'디지털 리터러시'란 단순히 디지털 기기를 사용하는 기술적 능력만을 의미하지 않는다. 오히려 디지털 매체가 제공하는 정보를 이해하거나 비판적으로 수용하고, 나아가 이를 적극적으로 생산하고 소통할 수 있는 총체적 역량을 의미한다. 전통적 문해력이 '읽고 쓸 수 있는 능력'을 강조했다면, 디지털 리터러시는 디지털 환경에서의 복합적 읽고 쓰기를 능동적으로 수행하고, 필요한 정보를 적절히 활용하는 능력을 포함한다.

이는 문학 텍스트를 대상으로 하는 문학 교육에서도 중요한 의미를 갖는다. 종래의 교육 현장에서 이뤄지던 문학 작품 감상 중심의 수업은 디지털 시대의 학습자 욕구를 온전히 반영하지 못하는 한계가 있었다. 가령 교과서에 실린 작품만 읽고 교사의 일방적 설명을 듣는 수동적 감상은 디지털 및 인공지능 세대의 학습자들에게 매력적이지 않다는 지적을 받을 수 있다. 이와 관련해 문학 교육에서도 점차 온라인 자료의 사용, 디지털 영상 및 이미지를 활용한 멀티미디어 텍스트 분석, 창의적 재구성 활동 등이 시도되어 왔다(서보호, 2024).

근래에는 한발 더 나아가 인공지능 기술이 문학 교육

에 본격적으로 도입되는 경향을 보인다. 그 대표적인 예가 AI 기반 글쓰기 보조 도구와 텍스트 분석 툴이다. 가령 문법 교정이나 맞춤법 검사 기능을 넘어, 학습자의 글에 대한 피드백을 자동으로 생성해 주거나 문장 구조를 비교해 주는 인공지능 보조 도구들이 사용되고 있다. 또한 인공지능과 빅 데이터 처리 방식을 활용해 학습자의 문법 교육에 활용하는 예도 늘어나고 있는데(양세희, 2024), 이러한 방식들은 문법 오류를 파악하고, 표현 수정 팁을 얻을 수 있어 글쓰기 과정이 한층 빠르고 풍부해진다는 장점이 있다.

텍스트 분석 기술 역시 문학 교육 현장에서 다양하게 응용되고 있다. 가령 특정 작품 내 어휘를 빈도수로 정리하거나, 인물 관계를 네트워크 형식으로 시각화해 주는 프로그램이 학생들의 작품 이해를 도울 수 있다. AI가 텍스트를 '감정 분석'하고, 작품의 특정 부분에서 감정이 어떻게 변화하는지 처리하면, 학습자들이 추상적으로 느꼈던 작품 분위기를 시각화된 데이터로 확인할 수 있다.

이와 같이 AI와 디지털 도구가 문학 교육에 보조 수단으로 도입됨에 따라 교사가 학생 개개인의 학습 과정을 세밀하게 지원하기에 유리해진다. 가령 예전에는 교사가 모든 학생의 글이나 감상문을 일일이 읽어보고, 오류나 문제를 바로잡아 주어야 했다. 그런데 AI를 통해 1차적 교정을 수행하게끔 하면 교사는 그보다 더 중요한 분석적 차원의 피드백을 제공하는 데 집중할 수 있다. 즉 언어적인 오류 수정에서 벗어나서 문학적 해석이나 주제, 감상에 집중할 시간과 에너지가 확보되는 것이다.

물론 AI의 활용이 긍정적인 측면만을 갖고 있는 것은 아니다. 먼저 학습자들이 AI에 지나치게 의존하는 상황이 생길 수 있다. 무엇보다 글쓰기 과정에서 본인이 고민해야 할 표현이나 문장 구조를 곧바로 인공지능에게 맡겨 버리는 경우가 발생하면, 오히려 학습자의 자기 주도적 역량을 키울 수 없게 된다. 실제로 챗봇이나 자동 요약 도구를 사용하다 보면 편리함에 익숙해져 학생들이 '생각하는 훈련'을 충분히 하지 않고 결과물을 내놓는 상황이 벌어질 수 있을 것이다.

이와 함께 저작권과 윤리적 문제도 무시할 수 없다. 인공지능이 생성하거나 요약한 문장 중에는 저작권이 있는 원문을 무단으로 도용했을 가능성이 있다. 게다가 AI가 준 결과물이 틀리거나 편향적이라면 학습자들은 이에 따라 정보를 오해하거나 잘못된 방식으로 흡수할 수도 있다. 교육적으로 이러한 문제가 심각해지면 오히려 문학 교육의 질이 떨어지고, 비판적 사고를 훼손하는 역효과가 생길 수 있다.

더불어 교사의 전문성과 관련된 부분도 살펴야 한다. 새로운 기술과 AI를 충분히 다룰 줄 아는 교사가 많지 않을 수 있는데, 문학 교육 내용을 AI에 맞게 재구성할 시간이나 역량이 부족할 수 있다. AI의 활용을 단순히 새로운 장비 도입 정도로 여기거나, 구체적인 교수 전략이나 교육 목적 없이 기술만 사용하면 오히려 수업의 혼란이 가중될 것이다. 다행히 최근 정부와 대학을 중심으로 교사의 디지털 교육 역량을 강화하려는 다양한 시도들이 늘어나고 있는 점이 고무적인데(한병규, 2024), 이러한 정책적 지원과 함께 디지털 윤리 및 저작권 지침에 대한 교육도 활발히 이뤄지길 기대한다.

사례로 보는 AI 기반 디지털 도구의 문학 교육 적용

앞에서 살펴본 AI와 디지털 리터러시의 주요 개념과 한계를 바탕으로 실제 문학 교육 현장에서 어떤 방식으로 AI가 활용될 수 있는지 몇 가지 방안을 검토해 보고자 한다. 대표적으로 챗봇을 통한 감상 토론과 AI 기반 텍스트 분석 사례를 살펴볼 수 있다. 이를 바탕으로 학습자가 스스로 문학 작품을 깊이 이해하고 창의적 해석 능력을 키울 수 있는지 고민해 보고자 한다.

우선 챗봇을 활용해 문학 작품에 대한 감상을 나누는 시나리오를 계획해 볼 수 있다. 가령 교사가 AI 챗봇에 특정 작품을 '학습'시킨 후 '작품의 주제나 서사적 특징을 정리하라'는 명령을 사전에 입력한다. 수업 시간에 학생들은 미리 학습이 완료된 챗봇과의 대화를 통해 '어떤 인물이 가장 핵심적인 갈등을 가지고 있나?', '이 결말이 시사하는 바는 무엇인가?' 같은 질문을 실시간으로 던지며, 챗봇의 답변을 확인한다. 이후에 학생들은 챗봇의 해석에 대해 동의하거나 반박하면서 작품에 대해 입체적으로 토론할 수 있다.

이 사례가 교육에 도움을 줄 수 있는 부분은 학습자 개개인이 주도적으로 챗봇과 상호 작용한다는 점이다. 종래의 수업에서 교사가 일방적으로 작품의 배경이나 주제 등을 설명하면, 학생들은 수동적으로 듣고 필기하는 경우가 많았다. 이와 달리 챗봇을 통한 감상 토론에서는 주도적으로 질문하는 과정에서 텍스트에 대한 호기심을 가지게 된다. 더불어 학습자는 이러한 대화 안에서 수업 외적으로 자기만의 감상이나 의문을 추가로 전개할 수 있다.

물론 이러한 경우에도 챗봇이 작품 감상을 완전히 대체하는 것은 아니다. AI가 제공하는 분석이 작품의 맥락을 온전히 담아내지 못할 때, 오히려 학습자는 챗봇의 한계를 발견하고 비판적 사고를 수행하게 된다. 이러한 비판적 사고까지 포함할 때 학습자들이 문학 작품을 더 깊게 파고드는 계기를 만들 수 있다. 이외에도 챗봇을 활용한 다양한 문학 교육 방식이 존재할 수 있는데, 작품 속 등장인물을 챗봇에게 학습시킨 후 이를 교육에 활용하는 방안도 연구되고 있으므로 다양한 접근 방식을 교육 상황에 맞게 적용해 볼 수 있을 것이다(김대범 · 박경우, 2024).

두 번째 사례는 텍스트 분석 툴을 활용해 작품의 어휘 빈도나 연결망을 분석하고, 이를 시각적으로 활용하는 방법이다. 가령 특정 작품의 주요 어휘 빈도를 워드 클라우드(word cloud) 형태로 시각화하거나 인물 간 대화를 그래프로 표현해 스토리 전개 양상을 파악할 수 있다. 학습자들은 이런 시각적 자료를 바탕으로, 작품의 구성을 또 다른 시각으로 이해하고, 나아가 스스로 해석하거나 비평할 단서를 마련할 수 있다.

실제 이러한 분석은 과거에 전문 연구자나 데이터 분석가가 긴 시간을 들여 했던 작업이지만, AI 기술을 활용하면 비교적 간단히 수행할 수 있다. 교사가 미리 텍스트 파일을 분석 툴에 입력하고, 빈도 분석이나 연결망 분석 결과를 시각화한 뒤, 수업 시간에 이를 학생들과 공유한다. 또는 수업 중에 학생들이 스스로 분석 과정을 경험해 볼 수도 있다. 가령 소그룹으로 나누어 한 팀은 작품 첫 장부터 중반부까지, 다른 팀은 중반부터 결말까지를 분석해 어휘 분포가 어떻게 달라지는지 토론하게 하는 식이다.

물론 텍스트 시각화를 단순히 일회성으로 보고 끝내서는 안 될 것이다. 문학 작품에 대한 체계적 읽기가 가능하도록 교사가 적절한 질문을 제시하면 좋다. 가령 "왜 이 인물 간 관계가 이렇게 촘촘하게 연결되어 있을까?" 또는 "어휘 빈도가 특정 대목에서 유난히 집중되는 이유는 무엇인가?" 같은 과제를 제시하면 좋을 것이다. 이런 경우에 학생들은 데이터 분석 결과를 해석하는 과정에서 문학 텍스트가 가진 구조와 맥락 등을 되짚어 볼 수 있다.

앞에서 살펴본 두 가지 사례 모두 공통적으로 학습자 주도의 활동 강화와 텍스트 분석 능력 강화를 꾀한다. 챗봇을 이용한 토론이나 AI 기반 텍스트 분석 모두, 학생들이 질문을 만들고 결과를 비판적으로 검토해 의미를 재구성한다는 점이 핵심이다. 이는 주입식 수업 모델과 확연히 구분된다. 학생들은 AI가 제시한 결과물에 의문을 제기하거나 비판하면서 문학 해석의 다층적 측면을 경험한다.

정리하면 문학 교육에서 디지털 리터러시를 기르고 AI를 적용하는 것은 시대적 흐름에 부합하는 동시에, 학생들의 능동적 참여와 비판적 역량을 길러 주는 의미 있는 방식이라고 할 수 있다. 다만 이를 위해서 교사와 교육 당국이 충분한 기술 이해와 교수 설계를 마련해야 한다. 그리고 이와 함께 문학적 가치와 인간적 성장을 지향하는 교육적인 목표를 일관되게 유지하면서, 인공지능이 제공하는 분석 기능을 어떻게 교육 현장에 적용할지 고민해야 한다. 챗봇을 통한 감상 토론과 AI 기반 텍스트 분석이 유의미할 수는 있지만, 이것이 곧 유일한 방법은 아니다. 교육 현장에서 끊임없는 시도와 실패, 비판적 검토를 거친다면 결국 문학 교육은 AI와 함께 협력적 관계를 맺으며 더 풍요로운 학습 환경을 만들 수 있을 것이다.

참고문헌

김대범 · 박경우(2024). 'AI-춘향 캐릭터' 프로토타입 구축을 위한 시론. ≪연민학지≫, 229-275쪽.
서보호(2024). AI를 활용한 소설 교육 방안 연구 - 소설에 대한 매체 및 장르 바꿔 쓰기를 중심으로. ≪비평문학≫, 145-172쪽.
양세희(2024). AI 시대의 문법 교수 학습 방법의 모색. ≪한국어문교육≫, 37-64쪽.
한병규(2024.10.31). 현직·예비교사 디지털 교육 역량 강화 추진. ≪한국교육신문≫, https://www.hangyo.com/news/article.html?no=102994

03
전통적 문학 교육 방식과 인공지능 도구의 결합

문학 교육에서는 시 · 소설 · 수필 · 극으로 구분되는 갈래 개념을 통해 작품을 해석하고 이해하는 방식이 주가 되어 왔다. 이를 바탕으로 학습자들의 상상력과 창조성을 고취하기 위해 원본 텍스트를 다른 장르로 재구성하는 '바꿔 쓰기' 활동을 수행할 수 있다. 특히 AI 기술의 결합으로 이러한 장르 바꿔 쓰기와 매체 변용이 더욱 다채로운 방식으로 시도될 수 있게 되어, 문학 교육의 가능성을 확장해 주고 있다.

AI와 난임 극복?

전통적 갈래 개념과 창조적 바꿔 쓰기

종래의 문학 교육에서 장르는 '갈래'라는 표현으로 사용되어 왔다. 주로 문학의 하위 분야들을 지칭할 때 사용되었다. 시, 소설, 수필, 극으로 나눠지는 문학 장르는 형식적인 차이로 구분되어 왔는데, 소설의 경우에도 그렇지만 형식에 대한 이해가 장르 문식성을 함양하는 데 주요한 부분으로 여겨진다. 장르 문식성은 작품 구조와 표현 방식에 대한 포괄적 이해다. 장르 문식성을 교육하기 위한 다양한 방법들이 있을 수 있지만, 그중 대표적인 활동으로 장르 바꿔 쓰기를 꼽을 수 있다.

일반적으로 바꿔 쓰기는 학습자의 문학적 상상력을 자극하는 교육적 장치로, 이와 관련된 장르 바꿔 쓰기는 시를 소설로 바꾸거나 소설을 극문학으로 바꾸는 등의 활동을 가리킨다. 이러한 장르 변용은 '갈래 변용', '각색', '창조적 재구성' 또는 '재창작' 등으로 불리기도 한다(정호웅, 2012).

장르 바꿔 쓰기의 교육적 효과는 무엇보다 장르에 대한 학습자의 이해를 확인하고, 학습자에게 장르 사이의 차이를 자연스럽게 학습할 수 있도록 한다는 것이다(이효주, 2014). 이러한 장르 간 비교는 학습자가 각 갈래의 특성을 능동적으로 습득하는 기회를 제공한다.

또한 바꿔 쓰기를 하는 과정에서 얻게 되는 장르 문식성은 단순히 장르의 형식적 특징을 이해하는 것을 넘어서는 효과를 갖기도 한다. 바꿔 쓰는 과정에서 원본 작품에 대한 학습자의 이해를 심화시키고 모방을 통해 새로운 생산의 가능성을 열어 준다는 점에서 장르 바꿔 쓰기의 문학 교육적 가치는 높게 평가된다(정우영, 2009).

이와 인접해 있는 교육 방법으로 매체 바꿔 쓰기도 있다. 매체는 매우 넓은 분야에서 사용되는 용어지만, 문학 교육과 관련해서 사용되는 경우에는 주로 인쇄 매체나 영상 매체와 같이 정보를 담아내는 매개체를 가리킨다. 매체 변용은 일례로 소설을 재구성해 영상 매체에 담아내거나, 반대로 영상물을 소설로 재구성하는 활동 등으로 이뤄졌다. 이러한 매체 바꿔 쓰기는 매체와 매체 사이의 차이를 이해하도록 한다는 점에서 교육적 효과가 있으며, 학습자가 자기 주도적으로 문학을 향유하도록 한다는 점에서 의미가 있다(김성진, 2023). 매체 바꿔 쓰기는 문학 텍스트가 지니는 감각적 요소를 재발견하게 만든다는 점에서 의의를 갖기도 한다.

매체 및 장르 바꿔 쓰기와 관련해 앞서 논의한 인공지능 기술의 발전을 교육적인 차원에서 활용한다면 더욱 다양한 효과를 거둘 수 있을 것으로 기대된다. 그러나 무엇보다 중요한 것은 기술을 단순히 도구적인 차원에서 쓸모 있게 쓰는 것을 넘어서는 일이다(호창수, 2020). 기술은 도구이기도 하지만 학습자에게 새로운 인식의 틀을 제시하는 매개이기도 하기 때문이다.

인공지능을 활용한 문학 교육 또한 디지털 도구의 효율적 활용이라는 범주로 국한되어서는 안 된다. 전통적인 문학 교육이 문학 텍스트를 해석하는 과정에서 텍스트에 반영된 세계를 비판적으로 이해하도록 한 것처럼, 인공지능 기술의 활용은 그 기술에 담긴 사회적 의미를 학습자에게 비판적으로 사유할 수 있도록 해야 한다. AI 기술이 제공하는 편리함 이면에는 사회적·문화적 함의가 스며들어 있기 때문이다. 이를 위해서는 무엇보다 문학 교육 활동 과정에서 문학적 가치를 어떻게 습득시킬 것이며, 인공지능에 대한 적절한 태도를 어떻게 배우도록 할 것인가가 고려돼야 한다.

인공지능 기술을 활용한 문학 교육은 학습자들의 학습 경험을 보다 다양하게 구성할 수 있도록 도와야 한다. 가령 동일한 문학 텍스트를 바탕으로 시나 소설 등 서로 다른 장르를 생성하도록 AI에게 지시하는 활동을 계획할 수 있다. 학습자들은 이 과정에서 인공지능이 생성한 결과물 사이의 문체적, 서사적 차이를 비교함으로써 하나의 텍스트가 어떻게 다양하게 형성될 수 있는지를 체득한다. 이는 단순히 원작과 결과물 사이의 차이를 확인하는 수준을 넘어선다. 같은 이야기라도 전달 방식이 달라지면 의미도 달라질 수 있다는 사실을 학습자들이 구체적으로 학습할 수 있으며, 인공지능이 작품의 특정 부분을 왜 생략하고 변화시켰는지 질문하는 과정을 통해 텍스트에 대한 비판적 접근을 배울 수 있다.

이러한 접근이 의미 있게 작동하기 위해서는 교사의 역할이 중요하다. 교사는 인공지능이 생성한 텍스트를 학습자가 맹신하지 않도록 결과물의 문학적 완성도와 의도를 학습자들이 주도적으로 점검하고 논의하도록 지도해야 한다. 또한 인공지능 결과물에 어떠한 문화적 편향이 반영되지는 않았는지 확인하고, 특정 서술 방식이나 표현이 원작의 맥락을 얼마나 충실히 반영하고 있는지 학습자들이 주도적으로 검토하게 해, 인공지능에 대한 비판적 시각과 활용 능력을 함양할 수 있도록 해야 한다. 이는 인공지능을 다루는 것 자체가 아닌 그 이면의 교육적 의도를 배우고 텍스트에 대한 깊이 있는 이해를 유도하는 문학 교육의 본질적인 목표와도 맞닿아 있다.

인공지능 시대의 바꿔 쓰기 교육

기존의 문학 교육에서 '바꿔 쓰기'는 장르 및 매체 문식성을 가르치는 한 가지 방편으로 교육되어 왔다. 이는 장르 및 매체의 차이를 학습자가 자연스럽게 이해하고, 문학 생산과 재생산의 개념들을 익힐 수 있다는 점에서 의미가 있었다. 다만 장르나 매체의 형식 및 특징에 대한 학습자의 사전 이해가 전제되어야 한다는 점에서 학습자 간 편차가 발생할 수 있으며, 문학 작품 외에 적절한 학습 도구가 없다는 어려움이 있었다. 이러한 점들을 보완하기 위한 교육 방안으로 디지털 리터러시 도구를 활용하는 방법을 제시할 수 있다.

기존에도 문학 및 인문학 교육을 위해 다양한 디지털 리터러시 도구가 활용되었다. 기초적인 영상 및 이미지의 사용 외에도 클라우드 기반의 교육 콘텐츠 사용, 화상회의 기반의 수업 도구, 게이미피케이션 등 다양한 도구들이 활용되었지만 이들 디지털 리터러시 도구들이 편리하기는 하지만 제공되는 시스템 안에서 교육을 진행해야 한다는 점에서 단점을 가지고 있다. 또한 문학 텍스트의 특성 상 다양한 개성을 갖고 있는 작가들의 작품을 기존의 디지털 도구들이 적절히 다뤄 내지 못하는 한계가 있었고, 가장 큰 문제는 이러한 방법들이 인문학을 가

르치는 교수자들이 접근하기에 어렵다는 점이었다.

최근의 기술 발전은 이러한 접근성의 제한을 상당 부분 해소해 주었고, 특히 데이터 처리와 분석 과정이 자동화되어 쉽게 자연어로 처리할 수 있게 되었다. 물론 인공지능 기술이 모든 사항을 알아서 해결해 주는 것은 아니므로, 교육 상황에 맞도록 적재적소에 기술을 접목할 수 있는 방안을 탐구해야 한다. AI 기술에 대한 환상은 인공지능이 특정한 임무를 수행하기 위한 모든 요소를 해결해 줄 수 있을 것이라는 점에 있지만, 교육 상황과 목적에 대한 이해와 그에 맞는 기술의 활용이 선행되어야 한다.

이와 관련해 인공지능 모델이 제공하는 결과물은 때로 특정 문화나 사회적 편견이 반영된 형태로 나타날 수 있다는 점을 교육 과정에서 함께 논의할 필요가 있다. 예컨대 서구권 중심의 데이터가 학습된 AI 모델은 비서구권의 문학 · 문화적 표현을 비정상적이거나 누락된 상태로 재현할 수 있다. 이러한 문제에 대해 'AI가 왜 이런 편향된 결과물을 내놓았는지', '이 편향은 문학 작품의 의미와 해석에 어떤 영향을 주는지'를 토의할 수 있으며, 교사는 인공지능의 한계를 인식하도록 돕는 동시에, 학습자들이 다양한 문화 · 맥락을 포괄하는 시각을 갖추도록 유도할 수 있다. 문학 텍스트와 AI가 만나 생기는 윤리적 · 사회적 쟁점을 함께 다룸으로써 비판적 디지털 리터러시와 다문화적 감수성까지 아우르는 학습 효과를 기대할 수 있다.

중요한 것은 인공지능을 통해 재창작한 결과물을 확보하는 것이 아니라, 작품에 대한 새로운 이해와 성찰을 배우는 것이다. 문학 교육에서 재창작 행위는 쓰기 활동이자 읽기(이해) 활동이라는 점에서 처리된 텍스트와 원본 텍스트를 비교하는 등 텍스트를 해석하는 과정이 동반되어야 한다(정호웅, 2012). 이러한 접근 방식을 활용해 장르 및 매체 변용을 수행할 수 있는 방안을 살펴보고자 한다.

참고문헌

김성진 외(2023). 『현대소설 교육론』. 사회평론아카데미.

이효주(2014). 갈래 바꿔 쓰기 활동의 체계화를 통한 극문학 교육 방안 연구. 이화여자대학교 교육대학원. 석사학위논문.

정우영(2009). 시조의 장르 변용 교육 연구 – 초등 문학 교육을 중심으로 –. ≪국어교과교육연구≫, 65–88쪽.

정호웅(2012). 『문학사 연구와 문학 교육』. 푸른사상사.

호창수(2020). 디지털 시대 문학 교육 원리로서 감성적 지각(aisthesis)에 관한 연구. ≪국어교육연구≫, 159–187쪽.

04
인공지능 기반 매체 변용을 활용한 문학 교육

문학과 회화, 그리고 인공지능 기술을 융합한 매체 변용의 교육적 접근을 검토한다. 핵심어 선정과 이미지 생성 과정을 바탕으로 소설의 내재적 의미와 공간적 특성이 전달되는 방식을 살펴보며, 이러한 방법들이 소설 교육에 미치는 영향을 논의한다.

AI와 사주?

문학과 회화 그리고 인공지능

문자 텍스트인 문학과 이미지 텍스트인 회화의 관계는 인간의 역사에서 불가분의 관계를 이루며 오랫동안 지속되어 왔다. 추사 김정희의 〈세한도〉는 여러 문학 작품에 영향을 주었으며, 박수근의 삶과 그림은 박완서의 소설 『나목』의 주요 소재가 되었다. 창작의 영역에서 문학과 회화는 서로 커다란 영향 관계에 놓여 있는데, 이는 각각의 창작 방식이 상이함에도 불구하고 근본적으로 세계와 인간의 심상을 재현하고자 하는 목적에서 유사성을 갖고 있기 때문이다.

전통적인 문학 교육도 시와 그림을 함께 창작하는 방식으로 장르 간 교섭 및 변용을 시도해 왔고, 최근 인공지능 기술의 발전으로 새로운 방식의 접근이 가능해지고 있다. 무엇보다 인공지능 기술은 인간의 고유한 영역으로 여겨지던 창작을 손쉽게 수행할 수 있도록 지원한다는 점에 특징이 있다.

인터넷상에 공개된 서비스를 활용해 이미지를 생성하는 것은 비교적 쉬운 일이나, 소설의 특징 및 개념을 교육하고 문식성을 함양하기 위해서는 사전작업이 선행되어야 한다. 먼저, 이미지로 생성해야 할 작품을 선정해야 한다. 이미지 생성에 작품의 제한은 없지만, 목적에 따라 소설 텍스트 전체를 인공지능에게 학습시킨 후 이미지를 얻을 것인지, 소설의 특정 부분을 이미지로 만들 것인지 고려할 필요가 있다. 다음으로, '문학 작품 속 공간에 대한 이해를 구체화할 수 있다'라는 교육 목표를 설정한 후, 특정 부분을 이미지로 만들어서 학습자가 자신의 내면에 형성한 스토리 공간의 심상을 다른 학습자들과 공유하는 방식을 활용했다.

학습자들은 작품 속에서 공간이 잘 드러난 대목을 선택해, 이를 핵심적으로 표현할 핵심어를 정리한다. 가령 「메밀꽃 필 무렵」(1936)의 경우, 작품의 문학적 아름다움을 대표하는 '메밀꽃 밭의 풍경'을 이미지로 생성하기 위해 학습자들은 "이지러는 졌으나 보름을 갓 지난달은 부드러운 빛을 흐뭇이 흘리고 있다. … 방울 소리가 시원스럽게 딸랑딸랑 메밀밭께로 흘러간다"에서 '산허리', '메밀꽃 밭', '달빛', '당나귀를 탄 세 사람', '좁은 길' 등의 핵심어를 선택할 수 있다.

소설의 전체 문장을 입력하는 방법도 가능하지만, 여기서는 소설을 인공지능에게 학습시키는 것이 아니라 소설에 대한 학습자의 이해를 발전시키는 측면이 중요하므로, 학습자가 핵심어들을 선택하게 함으로써 작품을 어떻게 수용했는지를 파악하는 것이 유의미하다.

학습자들은 자신이 선택한 핵심어를 다양한 인공지능에게 학습시킬 수 있었지만, 인공지능 화가 서비스에 무료로 접근할 수 있는지, 무료로 제공되는 서비스 횟수가 충분한지, 제공되는 서비스의 품질이 적당한지 고려해 특정 도구를 선택했다. 이미지 생성에는 '아트구루(Artguru)', '레오나르도(Leonardo)', '플레이그라운드AI(Playground AI)' 같은 서비스들이 있지만, 교육 목적에 부합하고 비교적 높은 품질의 결과물을 제공하는 ChatGPT를 통해 일련의 과정을 진행했다.

학습자는 자신이 선택한 핵심어와 이미지를 다른 학습자의 결과물과 비교하면서 「메밀꽃 필 무렵」 속 묘사된 장면에 대한 이해를 공유할 수 있다. 가령 동일한 대목이라고 하더라도, A 학습자의 경우, 핵심어 '메밀밭'과 '달빛'을 어두운 밤에 달빛을 받아 흰색을 돋보이게 하는 이미지로 만들어 냈다. 반면 B 학습자는 메밀의 '붉은 대'를 핵심어로 반영했는데, 생성된 결과는 기존의 결과물과 색, 분위기, 구성 면에서 차이를 보였다.

즉, 무엇을 핵심어로 선택하느냐에 따라 결과물의 양상이 달라진 것이다. 이는 어떤 이미지가 정답에 가까운가를 찾아 가는 과정이기보다는, 학습자들이 자신이 상상한 것과 생성된 이미지, 그리고 다른 학습자와의 차이를 비교하는 과정을 통해 소설 속의 묘사된 공간에 대해 보다 구체화된 이해를 만들어 가는 과정에 가깝다.

인공지능을 활용한 교육에서 중요한 점은 좋은 결과물을 생산하는 것보다 생산 후 활동과 관련된 것일 수 있다. 이를 위해 학습자들이 이미지 생성을 완료한 후 최종적으로 선택한 이미지를 저장하고 자신이 사용한 키워드를 정리해 두도록 안내했다. 이미지와 키워드가 함께 정리되어야 하는 이유는 키워드가 소설과 이미지를 매개하는 중요한 정보일 뿐만 아니라, 학습자가 소설의 핵심적인 정보를 무엇으로 판단했는지 파악할 수 있기 때문이다. 학습자는 이러한 정보를 토대로 자신이 소설을 읽었을 때의 감상과 핵심어 사이의 관계, 핵심어와 이미지 사이의 관계, 그리고 이것들과 소설 사이의 관계에 대해 사유할 수 있다.

매체 변용의 다양한 교육적 활용

소설 텍스트를 이미지로 변화시키는 과정은 다양한 방식으로 응용할 수 있다. 가령 소설 교육에서 깊이 있는 작품 이해를 위해서는 공간과 사물에 대한 이해가 중요한데, 인공지능 화가는 인물과 사건이 어떤 공간 위에 놓여 있는지를 보다 구체화할 수 있다. 채만식의 「미스터 방」(1946)의 예를 들 수 있다. 이 작품은 '방삼복'이라는 인물이 일제 강점기부터 광복 이후까지 기회주의적인 면모를 활용해 성공하다가 소설의 결말에 이르러 모든 것을 잃을 위기에 놓이게 되는 과정을 풍자적으로 그렸다. 결말에서 '방삼복'이 뱉어 낸 양칫물은 그대로 '미군'의 머리에 맞게 되는데, 인물과 사건 중심으로 작품을 수용할 경우 비교적 단순하게 해석되는 결말을 공간을 염두에 둠으로써 보다 깊이 있게 읽어 낼 수 있다.

가령 「미스터 방」에서 "위아래 층을 다, 양식 절반 일본식 절반으로 꾸민 호화스런 저택이었다"라든가 혹은 "그러나 방 안에는 벽에 그림 한 장 붙어 있는 바 아니요, 방에 알맞은 가구 한 벌 놓여 있는 바 아니요, 단지 방일 따름이어서, 싱겁게 넓기만 했다" 같은 서술들은 그 자체로 집의 특성이면서, 방삼복의 인물적 특성을 비유하는 것이다. 소설 읽기 수준이 낮은 학습자의 경우, 사건을 중심으로 하는 줄거리 파악에만 집중하는 경우가 있는데, 공간이나 사물이 강조된 경우 소설 속 공간에 대한 정보를 수집해 이를 이미지로 바꿔 쓰기 하는 활동을 수행하는 것이 작품에 대한 이해를 촉진할 수 있다.

「미스터 방」에서 집은 '일본식'과 '미국식'이 결합된 특징뿐만 아니라, 이 층이라는 구조와 '노대'가 부각되는 공간이다. 이는 신분 상승과 기회주의에 대한 풍자를 강조하고 있는 이 작품에서 함축적 의미를 갖고 있는 공간이자, 결말 이후의 몰락을 예상하게 만드는 장치다.

이를 바탕으로, 학습자들에게 이미지를 제시한 후 그 의미를 파악하게 하거나 학습자들이 작품 속 공간을 이미지로 바꿔 쓰도록 안내할 수 있다. 「미스터 방」의 집 공간을 인공지능을 활용해 이미지로 바꿔 쓰는 활동은 줄거리 중심으로 소설을 이해해 온 학습자들에게 서사에 대한 깊이 있는 이해를 만들어 낼 것이다. 특히 「미스터 방」의 '집'이 갖고 있는 함축적 의미를 이미지를 통해 직관적으로 이해시킨다면 학습자들에게 소설 속 공간과 사물이 갖는 중요성에 대해 강조할 수 있으며, 공간 예술인 회화나 이미지가 소설과는 다른 방식으로 시간을 다루는 점에 대해서도 교육할 수 있을 것이다.

이러한 방법은 플롯의 구성 원리나 스토리에 대한 이해에도 접목될 수 있다. 학습자에게 '발단-전개-위기-절정-결말' 같은 소설의 구성 단계에 따라 이미지를 구성하도록 하고, 이를 시간의 흐름에 따라 연속적으로 구성하거나, 플롯의 배열과 구성을 학습시키기 위해 이를 재배치하도록 교육할 수 있다.

학습자들은 기존 방법과 같이 텍스트 기반으로 플롯

을 재구성하는 것을 배울 수도 있지만, 이러한 방법을 사용해 공간적 특성이 중요한 이미지를 시간의 예술인 소설을 표현하는 데 활용할 수 있다. 이미지는 중심 사건이 전달하는 줄거리뿐만 아니라 사건이 발생하는 공간을 시각적으로 전달하는 데 효과적이다. 이미지를 생성한 후 소설의 핵심적인 사건이 어떤 흐름인지 학습자들끼리 비교하고 토론하는 활동을 연계하는 것도 도움이 될 것이다.

참고문헌

이효석(2007). 『메밀꽃 필 무렵』. 문학과지성사.
채만식(2004). 『레디메이드 인생』. 문학과지성사.
Artguru. https://www.artguru.ai
ChatGPT. https://chatgpt.com
Leonardo. https://leonardo.ai
Playgroundai. https://playground.com

05
장르 바꿔 쓰기와 인공지능

AI를 활용한 문학 교육은 기존에 익숙했던 장르 개념을 새롭게 재구성하는 데 도움을 준다. AI를 이용한 장르 바꿔 쓰기는 단순히 결과물만을 얻는 데 그치지 않고, 인공지능이 작품을 변환해 가는 과정을 교육적으로 성찰함으로써 학습자들의 문학적 감수성과 디지털 리터러시를 함께 함양할 수 있도록 하는 것이 핵심이다.

AI와 아이돌?

인공지능을 활용한 장르 재구성

현대 문학에서 시와 소설은 가장 중요한 장르이며, 전통적인 문학 교육에서도 두 장르에 많은 지면을 할애한다. 이들 장르에 대한 장르 문식성은 '문학'이라는 개념을 학습자들에게 내재화시킨다는 점에서 강조되어 왔다. 이는 기존의 작품을 모방하거나 재구성하는 방식으로 장르를 고쳐서 쓰는 방법으로 교육되어 왔다. 이 장에서는 인공지능 시대에 소설 교육을 위한 방안으로 전통적 바꿔 쓰기 교육을 응용해 보고자 한다.

먼저, 인공지능을 활용한 장르 바꿔 쓰기의 특징을 이해할 필요가 있다. 기존의 장르 바꿔 쓰기의 경우 학습자가 장르의 형식이나 표현상의 특징을 이해하지 못했을 경우, 이러한 활동 자체가 어려웠다. 그러나 인공지능의 경우, 인공지능이 거의 모든 것을 학습하고 있는 상태이기 때문에, 사용자가 적절하게 원문 텍스트와 명령어를 입력하면 장르 바꿔 쓰기가 이루어진다. 다만 장르가 바뀐 텍스트를 얻는 것이 목적이 아니라는 점을 고려한다면, 인공지능에 의한 장르 변용 과정에서 장르적 특징이 어떻게 변화되어 가는지 이해하는 것을 교육의 주된 목표로 설정할 필요가 있다.

먼저 소설의 일부분을 시 장르로 바꿔 쓸 수 있다. 소설의 특정 사건에 놓인 인물의 심경을 시 형식으로 바꿔 쓰거나, 인물이 인물에게 전달하는 편지를 시 형식으로 작성할 수 있다. ChatGPT를 활용한다면 학습자는 먼저 소설의 일부분을 프롬프트에 입력하고, 인공지능에게 이를 고려해 인물의 심경을 시 형식으로 창작하게끔 할 수 있다. 가령 김유정의 「봄봄」(1935)에서 주인공 '나'의 '장인'에 대한 심경을 인공지능을 활용해 시로 창작하는 활동을 한다고 할 때, 다음과 같은 시 내용이 구성될 수 있다. "봄이 오지 않는 밭고랑에서/ 삽 한 자루로 시간을 뒤엎는다/ 약속된 달빛 속, 너는 어디쯤 왔는가."

이러한 결과물은 다른 바꿔 쓰기 작업에 비해 손쉽게 처리되는 경향이 있다. 그러므로 결과물의 확보보다는 이를 활용해 소설에 대한 이해와 문학 장르에 대한 문식성을 함양시키기 위해 활동 결과에 대한 성찰을 중점적으로 진행할 필요가 있다. 성찰 학습에 대해서는 8장에서 추가로 다루도록 하겠다.

인공지능을 통한 소설 개념 심화 학습

앞서 단순히 소설을 시로 바꿔 쓴 후 두 텍스트 사이의 차이에 대해 성찰하는 학습 내용을 제시했다면, 좀 더 구체적으로 특정 소설 개념을 학습시키기 위한 방안을 제시할 수 있다. 아래의 내용은 '채만식의 「치숙」(1938)을 인공지능에게 학습시키고, 이를 토대로 인공지능을 활용해 시를 창작하기'라는 학습 활동의 결과물이다. 두 학습 과제 모두 인공지능이 소설 전체 내용을 이해한 후 이를 토대로 준수한 시를 창작해 낸다는 점에서 인상적이지만 주목할 점도 있다.

고모부의 침상

늙는다는 것은
세상을 등지는 연습이었을까.
다섯 평도 못 되는 방 한 구석,
허공에 묶인 폐병의 숨결이
고요히 흔들린다.
한때는 빛났던 젊음이여,
이제는 녹슨 시계처럼 멈추고,
울분에 찬 목소리는
공허한 메아리 속에서
조용히 갇혀 있다.
그대의 손등 위에 내려앉은
고단한 세월의 그림자,

굳어진 주름 사이로 흐르는
기억의 잔물결.
아내는 여전히 묵묵히 바느질을 한다.
가늘고도 날카로운 바늘 끝처럼
삶을 꿰매는 손길은
끊어질 듯 이어지며
그를 향한 헌신으로 새겨진다.

비웃음의 거울 속에서

나는 안다.
누구보다 잘 안다.
세상이 굴러가는 이치를,
어디로 가야 성공할지,
어떻게 살아야 빛날지.
고모부의 창백한 얼굴은
내 비웃음을 담는 거울일 뿐.
그의 어리석음은
내 탁월함을 더 빛나게 한다.
그는 쓰러져 누워 있다.

그러나 나는 곧게 서 있다.
길을 잃은 그의 삶을 보며,
내 계획의 확고함에 미소 짓는다.
그는 답답하다.
세상 물정을 모르는 그의 고집은
나의 재치 있는 비판에
조롱당해야 마땅하다.
아, 저런 삶을
어떻게 이해할 수 있으랴!

첫 번째 과제의 경우, 「치숙」의 주요한 특징인 풍자와 아이러니 요소가 누락되어 있다. 「치숙」은 '신뢰할 수 없는 서술자'가 지식인 '고모부'에 대해 비판하는 내용이 주를 이루는데, 서술자가 드러내는 과장된 확신과 주장이 오히려 서술자에 대한 독자의 비판을 만들어 내는 작품이다. 즉 첫 번째 학습자의 경우 독서 과정에서 이러한 「치숙」의 특성을 충분히 파악하지 못했거나, 인공지능에 의해 생성된 결과물에서 자신의 이해와는 다른 점을 발견했지만, 그것을 구체적으로 파악해 수정하지 못한 경우에 해당한다.

한국어나 한국어 문학 작품을 다루는 인공지능은 제

시된 정보만으로 요청받은 사항을 처리하기 때문에 추가적인 사항을 인공지능에게 학습시키고 안내할 필요가 있다. 두 번째 과제의 경우, 학습자가 작품에서 이해한 바와 중요한 특징으로 파악한 것을 인공지능에게 전달함으로써 결과물을 보완했다.

결과적으로 두 학습 과제는 작품에 대한 이해에서 차이를 보이지만, 이를 단순히 평가 결과로 환원하는 것은 적절하지 않다. 오히려 인공지능을 활용해 소설에 대한 이해를 심화시킨다는 교육 목적에 부합하기 위해서는 학습자들에게 과제물과 학습 활동에 대한 성찰을 수행하도록 하는 것이 적합하다. 사후 활동을 통해 학습자들은 아이러니한 서술의 경우 표면에 드러난 정보를 이해하는 것만으로는 심층의 의미를 파악할 수 없다는 사실을 다시 한번 환기하고, 문학과 인공지능, 그리고 학습자 사이의 거리에 대해서도 다양한 성찰을 수행할 수 있다.

앞선 과정을 통해 이해할 수 있듯이 하나의 문학 작품과 달리 인공지능에 의해 창작된 결과물은 수정될 수 있다는 특징을 교육 과정에서 고려할 필요가 있다. 즉 인공지능은 어떠한 방식으로든 분석 결과나 요청 결과를 내놓을 것이지만, 이것은 사용자가 원하는 결과와 거리가 멀 수도 있다. 그렇기 때문에 대개의 경우 출력된 결과에 대해 보완했으면 하는 부분을 반복적으로 수정할 필요가 있다. 이 과정은 학습자 개인에 의해 수행될 수도 있지만 팀 단위 협업 과제로 진행될 수도 있다. 가령 개인 학습 과제로 수행한 「치숙」의 경우, 조별 토론을 통해 학습자 사이의 차이나 문제점을 확인하고 이를 보완함으로써 작품에서 핵심이 되는 서술 방식에 대해 학습자들 스스로 사유할 수 있는 기회를 제공한다.

또한 서술 방법뿐만 아니라 문학 작품이 전달하는 감정에 대해서도 동일한 활동을 수행할 수 있다. 이청준의 「눈길」(1977)의 결말에서 어머니의 이야기를 들은 아들의 정서를 인공지능을 활용해 시로 바꿔 쓴다고 했을 때, 결과물에 대한 만족도는 팀원마다 상이할 수 있다. 학습자들은 재생산된 시에 대한 각자의 반응을 추가 반영하고 이를 서로 비교함으로써, 구성원 각자의 작품에 대한 이해를 확인할 수 있다.

이러한 점들은 문학 교육이 문학 작품을 경험하고, 떠오른 것을 표현하며, 대화하고 다시 경험하면서 자각에 이르도록 안내하는 과정이라는 점을 환기하도록 한다(진선희, 2019). 학습자는 문학 작품에 대한 새로운 읽기 방식을 통해 문학에 대한 이해를 새롭게 하고, 자신에 대한 성찰까지 수행할 수 있다.

이러한 활동은 소설 및 장르 문식성뿐 아니라, 디지털 리터러시 능력을 키우게 한다는 점에서 의미가 있다. 학습자들은 자신이 상상한 문학 작품이 구체화되는 과정에서 문학 텍스트와 독자, 인공지능 사이의 관계와 차이를 사유할 수 있는 것이다.

이 장에서는 인공지능 기술을 활용한 장르 및 매체 바꿔 쓰기를 수업에 적용할 수 있는 다양한 방안들을 살펴봤다. 학습자들은 학습을 수행하는 과정에서 장르 및 매체 문식성을 익힐 수 있을 뿐만 아니라, 장르별 특징이나 개념들을 새로운 방식으로 배울 기회를 얻었다. 이러한 내용들은 대학의 국어 교육과 및 국어 국문학과, 문예 창작과 그리고 문학 작품을 다루는 교양 강좌에서 활용될 수 있을 것이다. 다음 장에서는 앞선 내용들을 실제 강의에서 활용했을 때 발생하는 문제점과 보완점들을 논의하도록 하겠다.

참고문헌

김유정(2005).『동백꽃』. 문학과지성사.

이청준(2012).『눈길』. 문학과지성사.

진선희(2019), 인공지능시대 문학 독서 교육의 쟁점. ≪독서연구≫, 9-40쪽.

채만식(2004).『레디메이드 인생』. 문학과지성사.

06
네트워크 분석을 활용한 문학 텍스트 읽기

네트워크 분석은 사회학, 생물학, 컴퓨터 과학 등에서 복잡한 관계망을 탐색하기 위해 발전해 온 접근법이다. 이를 활용하면 텍스트의 노드와 에지를 시각화함으로써 문학 작품 속 상호 작용을 한눈에 파악하도록 도울 수 있으며, 소설에 등장하는 인물 · 사건 · 어휘 간의 연결 구조를 시각적으로 구성함으로써 학습자의 이해와 참여를 한층 심화할 수 있다.

AI와 야구?

네트워크 분석과 문학 교육

네트워크 분석(Network Analysis)은 원래 사회학, 생물학, 컴퓨터 과학 등에서 복잡한 관계망을 이해하고 시각화하기 위해 발전시킨 방법론적 틀이다. 핵심 개념인 노드(node)와 에지(edge)를 통해 개체들 간의 연결 양상을 표시하고, 이를 그래프로 표현함으로써 복잡한 상호작용을 한눈에 파악하게 돕는다(곽기영, 2017). 가령 소셜 네트워크에서는 개인 간의 친구 관계나 팔로우 관계를 분석해 영향력을 평가하고, 분자 생물학에서는 단백질 또는 유전자 간의 작용을 살펴 병리 현상을 진단한다. 이러한 다양한 활용 사례는 네트워크 분석이 여러 분야에서 얼마나 폭넓게 응용될 수 있는지를 보여 준다(이수상, 2012; Menczer, 2020).

이처럼 넓은 활용 분야를 갖고 있는 네트워크 분석을 소설 연구에 적용하려는 시도도 존재해 왔고, 문학 교육 역시 이러한 접근 방식을 활용할 수 있을 것이다(김상락, 2009; 김학용, 2012; 박경미, 2013; 서보호, 2024b; 이윤경 2009; Moretti, 2005). 종래의 문학 수업은 감상과 해석, 교사의 설명 중심으로 수행되어 왔다. 그러나 디지털 리터러시와 프로젝트 기반 학습이 부각되면서 문학 텍스트를 디지털 도구로 다뤄 내려는 시도가 빠르게 늘고 있다. 이러한 상황에서 네트워크 분석이 하나의 유용한 접근법으로 주목받고 있는데, 작품 속 인물, 사건, 상징, 어휘 등을 노드로 삼고, 그 상호 연결 상태를 에지로 표현함으로써, 텍스트를 하나의 연결망으로 시각화시킬 수 있다. 학습자들은 그래프를 통해 작품 이해에 관한 중요한 실마리를 탐구하게 된다.

이를 교육적으로 활용할 때 가장 큰 이점은 학습자가 기존의 방식과 거리를 두면서 문학 텍스트에 대해 직접 탐색하고 발견하는 과정을 강조할 수 있다는 것이다. 가령 조별 과제로 학생들에게 특정 작품을 읽고 그 안에서 '인물 간의 관계'를 모두 정리해 엑셀 시트나 간단한 데이터베이스로 만든 뒤, 자동화된 시각화 웹서비스를 활용해 네트워크 그래프로 그려 볼 수 있다. 학생들은 이를 바탕으로 "이 인물이 이야기를 이끄는 주요 축이 맞는가?", "서사적 결말에서 주변으로 밀려나는 인물은 누구인가?" 같은 심화된 질문을 던져 볼 수 있으며, 분석된 결과를 바탕으로 이에 대해 답변할 수 있다. 이는 단순 암기나 종래의 평가보다 훨씬 주도적인 문학 수용 방식이며, 학습자들의 호기심과 참여도를 높이는 방향으로 수용될 수 있다.

이와 더불어 네트워크 분석은 문학 작품에 내재된 의미

연결망을 한눈에 시각화한다는 점에서 의의를 찾을 수 있다. 텍스트가 제공하는 서사나 인물, 공간, 시점 등이 특정 구조를 이룬다는 점은 기존 문학 연구에서도 다양하게 논의되어 왔지만, 이를 일반 학습자들이 직접 체계적으로 시각화하고 해석할 수 있는 접근 방식은 드물었다. 네트워크 분석 또한 게피(Gephi)나 사이토스케이프(Cytoscape) 같은 프로그램을 사용하는 데에 특정한 수준의 숙련도가 필요하기는 하지만, 플러리시(Flourish) 같은 시각화를 자동으로 수행해 주는 웹서비스나 인공지능 기반의 툴을 사용할 수 경우, 학습자들도 어렵지 않게 네트워크 분석을 수행할 수 있다.

이를 통해 학습자들은 직접 어떤 노드를 설정할지, 어떤 기준으로 에지를 생성할지를 결정해 작품 해석에서 독립성을 확장할 수 있다. 종래의 방식처럼 교사가 하나의 고정된 작품 분석 결과를 제시하는 대신, 학습자들 나름대로 시도와 변형을 통해 다양한 그래프를 만들어 보고 그 차이를 토론하도록 안내하면, 서로 다른 해석이 이어지면서 문학에 대한 이해를 심화시킬 수 있다.

앞서 언급한 것처럼 이 과정은 협업 학습과도 맞물려 있다. 가령 첫 번째 팀원은 텍스트에서 특정 어휘나 인물 정보를 산출하고, 두 번째 팀원은 이를 시각화가 용이하도록 데이터를 정리하며, 세 번째 팀원은 시각화 도구를 활용해 노드 · 에지의 배치를 결정한다. 이후 각 팀에서 생성한 그래프를 기반으로 발표와 토론을 거친다면, "왜 어떤 노드는 중심에 있고, 어떤 노드는 주변에 있나?", "노드 간 연결이 옅은 부분은 어떤 의미를 갖고 있는가?" 같은 심층적 해석을 수행할 수 있다. 이로써 학습자의 비판적 사고와 창의성을 촉발함과 동시에, 소통과 협업 역량까지 함께 성장시킬 수 있을 것이다.

현대 소설의 네트워크 분석하기

여기서는 앞선 내용들을 보다 구체화해 네트워크 분석 기법을 문학 작품에 적용하는 과정을 살펴본다. 이를 위해서는 먼저 어떤 작품 혹은 작가를 선택할 것인지, 그리고 어떤 측면을 분석할 것인지를 염두에 두어야 한다. 가령 특정 작가의 일련의 작품을 모은 뒤 인물 네트워크를 구성할 수도 있고, 공통된 주제를 다룬 여러 작가의 단편소설들을 엮어 핵심 어휘와 상호 관련성을 비교해 볼 수도 있다. 특정 시인의 여러 편의 시를 시어를 중심으로 시각화하는 방법도 있다. 작품 선정과 분석 범위 설정은 학습 목표나 교과 과정과 연계해 유연하게 조정할 수 있다.

그다음 선정한 분석 대상을 전처리하는 과정을 수행해야 한다. 텍스트를 디지털 형태로 정리하거나, 오탈자나 예스러운 표기를 교정하는 과정으로, 일정한 분석 방향을 마련하는 것이 중요하다. 가령 탐구하고자 하는 주제에 따라 노드를 '인물'로 삼을지, '주요 어휘'로 삼을지, 혹은 둘 다 혼합할지를 미리 계획해야 한다. 마찬가지로, 에지는 소설의 경우 '같은 문장 혹은 단락 안에서 함께 등장한다면 연결한다'처럼 단위를 설정하거나, 혹은 '두 인물이 직접 대화한 경우에만 연결한다' 같은 방식으로 구체화할 수 있다. 시 텍스트라면 '같은 작품에 등장한 경우에 연결한다' 또는 '같은 시인의 시어는 연결한다'와 같이 다양하게 설정할 수 있다.

이러한 분석 과정을 거쳐 네트워크 분석 대상이 소설 속 인물일 경우 결과물에서는 단순한 줄거리 파악을 넘어 '이 인물이 어떤 사건에 관여했을 때 주로 누구와 연결되는지' 또는 '인물들의 갈등 관계가 어떻게 변화되는지'를 한눈에 확인할 수 있다. 가령 김유정 소설을 분석한다고 해 보자. 「금 따는 콩밭」, 「만무방」 등 특정 작품들을 대상으로 공통적으로 등장하는 어휘나 인물의 직업 등을 정리해 네트워크로 표현한다면, 작품마다 반복되는 소재를 중심으로 어떤 군집(cluster)이 형성되는지 직관적으로 파악할 수 있다. 그러면 학습자는 '김유정 문학이 농촌과 도시라는 공간을 어떻게 대비하는지', '인물들이 어떤 식으로 부의 문제에 얽히는지'를 계량적 결과와 연관 지어 해석하게 된다(서보호, 2024a).

또한 어휘 네트워크를 구성할 경우, 작품 전반에 걸쳐 특정 단어들이 어떠한 맥락에서 출현하고 관계를 맺는지 분석할 수 있다. 가령 '집', '방', '거리' 등 공간을 나타내는 명사가 함께 출현한다면, 이들이 어떤 맥락에서 결합해 서사의 주제나 공간성을 강화하는지 이해할 근거를 얻게 된다(서보호, 2024b). 나아가 "공간적 어휘와 감정적 어휘가 어떤 식으로 연계되는가?" 같은 추가적인 해석도 가능해진다. 이를 시각화하면 작품 속에서 특정한 공간이 어떤 감정과 밀접하게 연결되는지 쉽게 파악할 수 있다. 학습자들은 이를 활용해 '작가가 특정 공간을 통해 인물의 정서를 어떻게 강조하는지' 조망할 수 있다.

이러한 학습 과정을 팀 프로젝트 형태로 설계하면, 학습자들이 역할을 나누어 협동 학습을 수행할 수 있다. 디지털 리터러시 숙련도나 학습 수준에 따라 분석 단계에서 파이선(Python) 같은 프로그램을 직접 사용할 수도 있지만, 최근에는 인공지능 챗봇을 통해 대부분의 작업을 대체할 수 있으므로 유연하게 학습 상황을 설정할 필요가 있다. 학습자들은 시각화까지 포함해 프로젝트 수행 과정에서 다양한 디지털 및 인공지능 도구를 사용하는 경험을 얻을 수 있을 뿐 아니라, 최종 데이터를 논리적으로 설명하는 능력도 함양할 수 있다. 즉 학습자들은 문학 텍스트에 대한 감상적이고 직관적인 해석만이 아니라, 계량적 결과를 근거로 한 논리적 주장을 펼치게 된다. 학습자들 간의 서로 다른 시각들이 연결되는 토론 과정을 거친다면, 소설 텍스트의 다층적 의미를 발견할 수 있을 것이다.

물론 이러한 접근 방식이 문학 작품에 대한 완벽한 해석이나 정답을 제공하는 것은 아니다. 왜냐하면 학습자가 노드를 어떻게 설정하고, 에지를 어떤 기준으로 연결하느냐에 따라 그래프 형태가 크게 달라지기도 하며, 데이터 분석의 결과도 학습자에 따라 다르게 해석될 수 있기 때문이다. 바로 이 지점이 교육적으로 큰 의미를 갖는다. 학습자들은 "왜 이런 기준을 전제했는가?", "내가 다른 기준을 적용한다면 어떤 결과가 나올 것인가?" 같은 질문을 던지면서 문학 작품의 해석이 고정적이지 않고 유동적임을 배울 수 있다. 이를 통해 학습자들은 텍스트를 자립적으로 재구성하는 방법을 배울 수 있다.

정리하자면 네트워크 분석 접근 방식은 문학 교육 전반에 새로운 시각을 유도하고, 협업 능력을 강화하며, 다양한 디지털 리터러시를 자연스럽게 배우도록 해 주는 마중물 역할을 할 수 있다. 학습자들은 문학 작품과 함께 네트워크 분석된 결과를 읽으면서, 서사의 흐름, 인물 관계, 어휘와 상징의 사용 등을 한 번에 포착하는 방식을 통해 소설이 갖고 있는 복합성이 데이터로 어떻게 표현되는지 확인할 수 있다. 이 과정에서 경험하는 다양한 실수와 새로운 시도는 학습자들에게 유의미한 학습 동기가 될 것이다.

참고문헌

곽기영(2017). 『소셜 네트워크 분석』. 청람.

김상락(2009). 복잡계 연결망 소설 구성에 주는 시사점. ≪시민인문학≫, 231-243쪽.

김학용(2012). 대하소설 토지 등장인물 네트워크의 동적 변화 분석. ≪한국콘텐츠학회 논문지≫, 519-526쪽.

박경미 외(2013). 소설 등장인물의 텍스트 거리를 이용한 사회 구성망 분석. ≪한국콘텐츠학회 논문지≫, 427-439쪽.

서보호(2024a). 김유정 소설의 계량언어학적 연구 - 농촌소설과 도시소설의 어휘 분석을 중심으로. ≪인문논총≫, 107-128쪽.

서보호(2024b). 네트워크 분석을 활용한 염상섭 『삼대』의 인물 연구 - '중심성'과 '커뮤니티'를 중심으로. ≪전남대 어문논총≫, 153-182쪽.

이수상(2012). 『네트워크 분석 방법론』. 논형.
이윤경 외(2009). 소설 삼국지 등장인물 네트워크의 동적 변화 분석. ≪한국콘텐츠학회 논문지≫, 364-371쪽.
Menczer, F. et al.(2020). *A first course in network science.* Cambridge University Press.
Moretti, F.(2005). *Graphs, maps, trees: Abstract models for a literary history.* Verso.

07
AI 기반 텍스트 마이닝과 문학 작품 분석

현대 소설을 데이터 분석의 관점에서 읽는 시도는 전통적인 문학 감상의 범주를 확장하고 학습자들의 사고력과 창의력을 자극하는 새로운 교육적 접근으로 주목받고 있다. 이러한 접근은 작가의 창작 의도나 텍스트의 내재적 구조를 객관적 근거로 뒷받침해 줄 뿐만 아니라, 학습자들의 디지털 리터러시와 비판적 사고를 함께 함양할 기회를 제공한다.

AI와 윤동주?

데이터 분석의 교육적 활용과 현대 소설

오늘날 데이터 분석(data analysis)은 대량의 정보를 체계적으로 다루고 해석하는 핵심적인 역할을 맡고 있다. 그간 경제, 의료, 공학 등 다양한 분야에서 주로 활용돼 왔던 계량적 분석 방법은 최근 인문학과 교육에서도 점차 중요성이 늘어나고 있다. 무엇보다 문학 텍스트를 하나의 데이터로 바라보려는 시도가 늘고 있다. 문학은 작가의 창의성과 독자의 감수성이 만나는 영역으로 여겨졌다. 그러나 이제 텍스트의 언어적 양상을 계량화하고 시각화함으로써 작품을 새로운 각도에서 이해하고 해석하려는 다양한 접근법들이 연구에 도입되고 있다(권은, 2018; 김아름, 2023; 문한별 · 김일환, 2011; 서보호, 2024; 이상숙 · 김일환, 2022; 전은진, 2017).

이는 단순히 작가나 작품에 대한 직관적 감상에서 나아가, 작품 속 특정한 언어가 얼마나 빈번하게 사용되는지, 주제나 소재가 어떤 양상으로 배치되는지 등 정량적인 근거를 확보해 분석할 수 있도록 한다.

이러한 점들을 고려할 때 데이터 분석을 활용한 현대 소설 교육은 적어도 세 가지 이점을 기대할 수 있다. 먼저 학습자들이 문학 텍스트를 다양한 관점에서 이해하는 근거를 제시할 수 있다. 가령 작품 전체에서 특정 어휘가 반복된다고 할 때, 학습자들은 그것이 작가의 의도가 반영된 것인지, 혹은 시대적 맥락이 영향을 준 것인지, 혹은 특정 인물의 성격을 드러내는 장치인지 토론할 수 있다. 이때 해당 데이터는 다양한 관점의 근거로 활용될 수 있다.

다음으로 학습자들은 디지털 리터러시를 자연스럽게 배울 수 있다. 텍스트 수집 및 전처리, 형태소 분석 등을 직접 수행하면서 오늘날의 지식 기반 사회에서 이것이 중요한 역량이 될 수 있음을 깨달을 수 있다. 마지막으로 데이터 분석 교육은 문학에 대한 창의적 이해와 연결될 수 있다. 학습자는 텍스트 분석 결과를 바탕으로 작가의 다른 작품을 이해하거나 작가와 작가를 비교하는 식으로 후속 활동이 가능해진다.

물론 현재 국내 중등 및 고등 교육 현장에서 현대 소설을 대상으로 적극적으로 데이터 분석을 수행하는 사례는 일반적이지 않다. 그러나 다른 교육 분야에서는 텍스트 마이닝(text mining)이나 빅 데이터 분석 방법을 교육에 도입해, 학생들의 미래 역량을 키우기 위해 자기 주도적 학습과 협업 프로젝트로 이런 방법을 사용하고 있다(강하늘, 2024).

이러한 추세를 살펴볼 때 교육 현장에서 소설을 계량

적으로 '읽게' 하는 시도 또한 일반화될 수 있으며, 교육적 효과에서도 긍정적인 평가를 받을 수 있다. 가령 학습자들은 한 작가의 소설 세 편 이상을 골라 주요 어휘나 핵심 모티프가 어떤 식으로 반복되는지를 비교 분석함으로써 작가의 창작 경향과 문체적 특징을 발견해 낼 수 있다. 이때 교사는 안내자로서 분석 툴의 사용법을 사전에 설명하고, 학습자들이 처리해 낸 분석 결과물의 해석에서 발생할 수 있는 오류나 편향을 점검해 주는 역할을 맡는다.

결과적으로 데이터 분석은 현대 소설 교육에 정량적 근거를 더해 준다는 점에서, 문학 텍스트에 대한 학습자들의 관점의 전환과 심화된 이해를 만들어 낼 수 있다. 이 과정에서 학습자들은 '이 작품이 왜 이토록 자주 특정 단어를 사용하는지', '같은 작가가 그려 내는 공간에 따라 어휘적 대비가 어떻게 나타나는지' 등을 분석된 결과를 통해 파악할 수 있다. 나아가 '나는 이 작품을 통해 무엇을 보게 되는가'라는 근본적인 물음을 데이터에 기반한 논증으로 풀어 나갈 실마리를 얻게 된다.

이는 기존처럼 작품에 대한 학습자의 정서적인 반응을 확인하는 것을 넘어서, 텍스트에 대한 다각적인 이해와 분석으로 이어지도록 하는 길이 될 수 있다. 그리고 이러한 과정이 반복될수록 학습자는 문학을 보다 주체적이고 탐구적인 방식으로 대하게 되며, 창의력과 사고력을 함께 기를 수 있다는 점에서 교육적 의미를 발견할 수 있다.

현대 소설 데이터 분석의 구체적 방안

무엇보다 현대 소설에 대한 데이터 분석 방식을 교육 현장에 적용하기 위해서는 먼저 텍스트 수집과 전처리가 이뤄져야 한다. 일부의 현대 소설 원문은 디지털화가 어느 정도 진행되어 있으나, 경우에 따라 학습자들이 직접 텍스트를 입력하거나 정리해야 할 수도 있다. 이 경우에 어떤 범위의 작품을 선택하고, 어느 정도의 분량으로 분석할지를 미리 계획하는 일이 중요하다. 가령 특정 공간을 다루는 작품군, 특정 작가, 특정 시기 등으로 텍스트 범위를 좁히는 방식을 고려할 수 있다.

이후에 형태소 분석기나 자연어 처리 라이브러리를 활용해 어휘별 빈도를 추출하고, 필요하다면 구문 분석이나 감성 분석 같은 좀 더 심화된 기법을 적용하게 된다. 다만 학습자들에게 이러한 분석 툴을 모두 교육하는 것은 학습 목표에 따라 조정될 필요가 있으며, 심화된 데이터 분석이 필요하지 않은 경우라면 인공지능 챗봇을 활용해 데이터 분석을 진행하는 것이 바람직하다.

다음으로 분석 결과를 시각화하고 해석하는 과정이 이어진다. 이를 위해 사용되는 대표적인 도구로는 파이선 라이브러리 등이 있다. 또한 전문적인 프로그램의 기능을 용이하게 사용할 수 있도록 서비스하는 보얀트 툴(Voyant Tools) 등이 있으므로 유연하게 활용하는 것이 적절하다. 학습자들은 이러한 툴을 사용해 시각화된 그래프나 워드 클라우드를 생성할 수 있다. 이 과정에서 어떤 단어가 얼마나 자주 나오는지, 인물이나 사건들이 어떻게 연결되는지 시각적으로 파악할 수 있다. 가령 "작품 A에서 '경성'이라는 단어는 25회 등장하는 반면, 작품 B에서는 4회밖에 등장하지 않는다" 같은 정보가 주어지면, "작가가 왜 같은 배경의 한 작품에서는 경성을 강조하고, 다른 작품에서는 그렇지 않았을까?"라고 질문할 수 있다. 이처럼 단순한 어휘 빈도수 차이를 살피는 것만으로도 학습자에게는 새로운 탐구 과제가 될 수 있다.

여기서 더 나아가 학습자들은 분석 결과를 서로 공유하며, "내가 해석한 이 그래프는 시골과 도시 사이의 갈등을 보여 주는 듯하다"거나, "이 작가는 특정 인물을 통해 일관된 메시지를 전달하고 있다"는 식의 주장을 펼칠 수 있다. 즉, 데이터 분석을 통해 얻어진 통계를 해석해 소설의 의미를 재맥락화하고, 이를 사회 문화적 배경과 연결하는 활동을 수행한다. 이러한 방식이 바로 인공지능과 데이터 분석을 활용한 교육적 효과의 핵심으로, 학습자들은 단순한 분석에서 그치지 않고 자신의 분석 내용을 글쓰기, 발표, 토론 등 다양한 활동으로 연결해 문학 이해의 과정을 복합적인 방식으로 수행할 수 있다. 특히 데이터 분석 작업은 그 특성상 협업 프로젝트로 진행할 경우 장점이 많은데, 학습자들은 역할 분담을 통해 자료 수집 팀, 분석 팀, 시각화 · 발표 팀 등으로 나눠 수행함으로써, 상호 협력 능력과 소통 역량도 함께 기르게 된다.

마지막으로 현대 소설을 데이터 분석한다는 것은 결코 문학 작품을 기계적으로 다룬다는 의미가 아님을 강조할 필요가 있다. 오히려 데이터 분석의 결과는 학습자에게 텍스트에 대한 새로운 질문을 던지는 실마리가 되며, 작품의 주제와 구조를 구체적으로 이해하도록 안내한다. 가령 어떤 인물이 사용한 어휘를 분석해 보면 그 인물의 성격이나 의도가 반복적으로 부각되는 경우가 있는데, 이 경우 학습자들은 "이 인물이 반복적으로 사용하는 단어들이 플롯의 전개와 어떤 관련성을 갖고 있으며, 다른 인물들과는 어떻게 어휘적 차이를 드러내는가?"를 탐구할 수 있다. 결과적으로 데이터 분석은 문학 텍스트 해석의 폭을 제한하기보다 오히려 새로운 층위의 해석을 제공한다는 점에서 문학 교육에 유의미한 자극이 될 수 있다.

무엇보다 이 점이 교사가 문학 수업에서 인공지능 활용법 및 데이터 분석 방법을 도입해야 하는 중요한 이유가 될 것이다.

최근 디지털 인문학(digital humanities) 분야가 활성화됨에 따라 문학 작품이나 여러 텍스트를 계량적으로 분석해 새로운 해석과 가치를 찾아내려는 연구가 늘고 있다. 이러한 연구들을 고려할 때, 데이터 분석을 활용한 문학 교육에서 중요한 점은 데이터 분석 결과와 실제 텍스트 내용을 어떻게 연결할 것인지의 문제다. 이 지점에서 교사의 역할이 중요하다. 학습자들이 분석된 결과만 보고 섣부르게 단순한 결론을 내놓지 않도록 안내해야 한다. 인공지능의 경우에도 그러하지만 데이터 분석의 경우에도 결과물을 얻는 행위 자체가 중요한 것이 아니라, 결과물을 어떻게 해석할지, 또 그것을 교육적 목적에 부합하도록 어떻게 사용할지를 고민하는 것이 무엇보다 중요하다. 텍스트 분석 결과 특정 단어의 빈도가 높다면 이를 기반으로 하는 텍스트의 '재현' 양상이 유의미할 수도 있지만, 분석 결과가 곧 작가의 의도라고 생각해서는 안 될 것이며, 항상 데이터에 대해 의문을 제기하고, 텍스트를 다시 살펴보는 자세가 필요하다.

참고문헌

강하늘(2024.10.23). 빅데이터 분야 공모전 수상, 선일빅데이터고등학교. ≪대학저널≫, https://m.dhnews.co.kr/news/view/1065597966960983

권은(2018). 식민지 도시 경성과 김유정의 언어감각. ≪인문과학연구≫, 65-90쪽.

김아름(2023). 김유정 단편소설에 드러난 페이소스의 문체와 양가적 문체 전략 - 계량적 문체 지수를 중심으로. ≪어문논총≫, 215-242쪽.

문한별 · 김일환(2011). 김남천 소설의 어휘 사용 양상에 대한 계량적 연구. ≪현대소설연구≫, 377-402쪽.

서보호(2024). 김유정 소설의 계량언어학적 연구 - 농촌소설과 도시소설의 어휘 분석을 중심으로. ≪인문논총≫, 107-128쪽.

이상숙 · 김일환(2022). 백석시의 코퍼스 구축과 통계 분석 연구 - 현대시 코퍼스 연구 방법론 1. ≪우리문학연구≫, 119-149쪽.

전은진(2017). 김수영 시에 나타난 어휘 연구. ≪청람어문교육≫, 325-354쪽.

08
인공지능을 활용한 차이 읽기와 성찰 학습

인공지능을 활용한 장르 및 매체 바꿔 쓰기 활동을 통해 AI의 해석 방식과 인간의 이해 간의 차이를 비교하며, 문학 작품의 다층적 의미를 재조명하는 성찰 학습 방식을 검토한다. 이를 통해 학습자들은 텍스트의 변용 과정을 심도 있게 분석하고, 디지털 리터러시와 문학적 감수성을 동시에 함양하는 교육적 접근법을 배우게 될 것이다.

AI와 한의학?

장르 바꿔 쓰기와 성찰 학습

인공지능이 문학 작품을 처리하는 과정은 인간의 직관과 경험에 기반한 이해와는 본질적으로 다르다. 인공지능을 활용해 손쉽게 어떤 산출물을 얻어 내야 하는 상황이 아니라면, 교육 현장에서 주목해야 하는 것은 무엇보다 AI와 인간의 해석 차이를 비교하는 것이다. 이러한 절차는 학습자들에게 비판적 사고와 성찰의 기회를 제공하며, 문학 작품에 대한 다각적인 관점을 마련하는 데 기여한다. 즉 장르 및 매체 바꿔 쓰기 활동을 포함해 앞서 다룬 일련의 교육 방법에서 무엇보다 강조돼야 하는 것 중 하나는 바로 성찰 학습이다.

특히 인공지능을 기반으로 하는 바꿔 쓰기 활동은 결과물 자체보다 그 과정에서 드러나는 해석의 차이에 주목해야 한다. 학습자들은 소설의 구체적인 사건을 시로 바꿔 쓰는 과정을 검토하면서, AI가 선택한 이미지나 상징, 어휘가 인간 독자가 직관적으로 받아들이는 것과 미묘한 차이가 있음을 느끼게 된다. 이러한 차이에 대한 인식을 확대시키고 성찰함으로써, AI의 한계와 가능성을 체감하고 문학 장르에 대한 이해를 심화시킬 수 있다.

더불어 AI가 처리한 결과물과 인간의 해석을 비교하는 활동은 학습자로 하여금 인공지능이 특정한 텍스트를 '읽는' 방식을 검토하게 한다. 가령 소설의 서술 방식이 시로 변환되면서 무엇이 생략됐으며 무엇이 추가되었는가에 대한 질문을 통해 인공지능과 작품을 심도 있게 분석할 수 있다. 이러한 성찰 학습 질문들은 아래와 같이 제시될 수 있다.

가. 소설 속 구체적인 사건이 시로 변환되면서 어떠한 이미지나 상징으로 변했는가.
나. 소설의 서술 방식(묘사, 서사, 대화 등)이 시로 변환되면서 어떤 기법(이미지, 비유 등)으로 바뀌었는가.
다. 소설에서 나타난 감정이나 분위기가 시에 잘 반영이 되었는가.
라. 소설과 시를 비교할 때, 각각의 장르가 독자에게 어떤 점에서 다른 독서 경험을 제공하는가.
마. 자신이 인공지능이라면 추가적으로 소설의 어떤 요소를 시에 반영하겠는가.

위 질문들은 바꿔 쓰기 활동 후 학습자들이 성찰 학습을 진행하는 데 기본적인 가이드라인으로 사용된다(서보호, 2024). 학습자들은 이러한 질문을 바탕으로 자신이 생성한 결과물과 원본 소설 및 시 사이의 차이점을 면

밀히 검토할 수 있다. 이를 통해 각각의 텍스트가 전달하는 메시지와 표현 방식의 차이, 그리고 그러한 차이가 발생한 이유를 성찰할 수 있다.

게다가 이러한 질문을 통해 학습자들은 인공지능이 소설 작품을 어떻게 해석하고 재구성하는지에 대해 다른 어떤 활동보다 직관적으로 이해하게 된다. 학습자는 AI의 결과물을 자신의 일반적인 읽기와 비교함으로써 인공지능의 텍스트 처리 방식과 인간의 감성적 이해 사이의 간극을 사유한다. 이를 통해 AI가 놓친 주제나 분위기 같은 복합적인 의미망이 무엇인지 구체적으로 확인할 수 있다.

그리고 이러한 성찰 활동을 통해 학습자들은 주어진 결과물의 구성과 장르적 특징에 대해 구체적으로 탐구할 기회를 얻는다. 소설과 시가 각각 고유한 형식과 표현 방법을 가지고 있음을 인식하고, 이러한 요소들이 어떻게 교육 과정에서 변용되었는지를 심도 있게 토론한다. 이는 학습자가 단순히 인공지능이 만들어 낸 결과물을 수용하는 것을 넘어서 장르 전반에 대한 이해를 마련하도록 돕는다.

이러한 성찰 학습 과정을 통해 학습자들은 바꿔 쓰기 전반에 대해 심도 깊게 사유하고 토론할 수 있는 기회를 얻게 된다. 이 과정에서 문학 장르에 대한 깊이 있는 이해와 문식성 향상이라는 교육 목적을 달성할 수 있을 것이고, 더불어 학습에 대한 동기 부여와 비판적 사고 능력을 체계적으로 함양할 수 있을 것이다(유병민, 2013).

매체 바꿔 쓰기와 성찰 학습

전통적으로 문학 교육에서 장르 문식성을 함양하기 위한 바꿔 쓰기 활동을 활용했던 것처럼, 매체 환경이 빠르게 변화함에 따라 매체 문식성 및 매체 바꿔 쓰기에 대한 관심도 증가했다. 이러한 매체 바꿔 쓰기를 교육 현장에서 활용하는 경우에도 장르 바꿔 쓰기의 성찰 학습과 유사한 방식을 마련할 수 있다. 물론 여기서도 중요한 것은 인공지능의 해석 방식을 비판적으로 검토하고, 학습자가 직관적으로 파악하는 의미와 결과물 사이의 간극을 올바르게 인식하는 것이다. 이는 매체가 달라짐에 따라 문학적 의미가 어떻게 확장되거나 변화될 수 있는지를 탐색하게 한다는 점에서 의미가 있다.

먼저 매체 바꿔 쓰기의 예로 '소설 텍스트를 이미지로 전환하기'를 들 수 있는데, 그 결과물이 원작의 분위기와 얼마나 부합하는지, 혹은 어떤 부분이 과장되거나 생략되었는지를 검토하는 활동이 성찰 학습의 출발점이 될 수 있다.

영상 매체로의 바꿔 쓰기도 같은 방식으로 접근할 수 있다. 가령 소설에서 중요한 사건이나 대화를 전처리해, 인공지능을 활용해 간단한 애니메이션이나 영상으로 생성해 보도록 안내하는 경우를 상정할 수 있다. 그리고 학습자들은 이 과정에서 "왜 인공지능은 소설의 시점을 특정한 카메라 기법으로 해석했을까?", "소설에서 암시적으로 표현된 긴장감이 영상화 과정에서 부각 또는 생략되었는가?" 같은 질문을 던질 수 있다. 이는 문학이 형식적인 면에서 갖고 있는 의미와 AI가 처리한 결과물 사이의 차이를 심도 있게 확인할 수 있는 구체적인 근거가 된다.

이와 같이 매체 바꿔 쓰기는 소설의 사건, 서술, 인물의 특성을 시각 및 청각적으로 재현함으로써 학습자들이 문학 텍스트의 내용 및 형식적 의미를 새롭게 파악하도록 돕는다. 더불어 인공지능이 텍스트에 대한 하나의 '해석자' 역할을 수행할 때 발생하는 정보 손실이나 강조점의 이동을 학습자들이 비판적으로 사고하도록 한다는 점이 특징이다. 이 과정에서 학습자들은 문학 작품의 함의가 매체 전환 과정에서 어떻게 달라지는지를 직접 목도하게 된다. 이러한 순간은 문학 텍스트를 바라보는 폭

넓은 시야와 비판적 태도를 기르는 데 기여한다.

이러한 성찰 학습의 내용을 보다 구체화하기 위해 관련 질문을 다음과 같이 제시해 볼 수도 있다. 가령 "소설의 사건이나 서술이 이미지 또는 영상으로 변환되는 과정에서 어떤 핵심 요소가 생략 또는 추가되었는가?", "독자는 시각화된 결과물과 원작에 대해 동일한 정서적 반응을 느끼는가", "만약 학습자가 인공지능의 해석 과정에 직접 개입할 수 있다면, 어떤 부분에서 보완이 필요하겠는가?" 같은 질문들이 필요할 것이다. 이 과정에서 학습자들은 원작과 생성 결과물을 비교하고, AI가 놓친 핵심 사항이나 세부적인 정보를 찾아내며 문학 텍스트에 대한 이해의 지평을 넓힐 수 있다. 더불어 인공지능 모델이 어떤 기준으로 시각적 요소를 선택하고 활용했는지에 대해 비판적으로 검토함으로써 디지털 리터러시에 대한 감각 또한 향상할 수 있다.

여기서 고려해야 할 점은 이러한 학습 과정에서 얻어진 AI의 결과물은 늘 임시적이고 가변적이라는 사실을 학습자들에게 인식시키는 것이다. 잘 알려진 바와 같이 인공지능 모델은 입력된 프롬프트나 내부 알고리즘의 특성에 따라 계속 다른 결과물을 생산할 수 있다. 즉, 한 번의 시도로 완성된 결과물을 얻는 게 아니라 지속적으로 수정되어야 하는 '무엇'으로 여겨야 하는 것이다. 이러한 부분을 교육 현장에서 무엇보다 강조해야 하며, 학습자들이 단일한 해석이나 정답을 찾는 데 얽매이지 않도록 지도해야 한다. 이는 곧 문학 교육이 지향하는 다양한 해석의 가치를 강조하는 계기가 될 것이다.

마지막으로 매체 바꿔 쓰기를 통한 성찰 학습은 문학 교육을 넘어서 디지털 리터러시 교육에도 긍정적인 영향을 줄 수 있다는 점을 언급해 보고자 한다. 학습자들은 성찰 학습 후에 인공지능이 텍스트 정보를 어떤 방식으로 재구성하는지, 그 과정에서 인간이 어떤 역할을 수행해야 하는지, 자신의 위치에 대해 고민하게 된다. 즉 학습자들은 생성된 결과물에 대한 가치 판단보다 새로운 기술 안에서 어떤 위치와 어떤 태도를 가져야 하는지 사유하는 중요한 경험을 하게 된다. 이는 기술 발전이 가속화되는 현대 사회에서 점점 중요해지는 비판적 사고 능력을 기르는 기회가 된다. 학습자들이 자동화 도구가 만들어 내는 결과물을 무조건 수용하기보다는, 원작 텍스트와의 차이를 검토하는 과정에서 그 의도나 맥락을 사유하는 것이야말로 디지털 환경에서 필요한 핵심 역량이다. 즉 이러한 성찰 학습이야말로 문학적 감수성과 기술적 이해력을 함께 성장시키는 복합적 학습 활동으로 기능할 수 있다.

정리하자면 장르 바꿔 쓰기 및 매체 바꿔 쓰기 활동과 이에 대한 성찰 학습 과정에서 학습자들은 문학 텍스트의 다층적 의미 구조와 해석 가능성, 그리고 디지털 도구의 기능과 한계를 입체적으로 이해하게 된다. 이는 문학교육의 근본적인 목표인 문학적 이해와 감상의 심화뿐 아니라, 정보 기술 시대에 요구되는 융합적인 역량과 비판적 사고 능력을 기르는 데 기여한다. 결국 AI와 인간 그리고 문학 작품이라는 세 축의 상호 작용 속에서 학습자들은 문학적 상상력과 디지털 리터러시를 포괄하는 다양한 교육 경험을 얻을 수 있게 될 것이다.

참고문헌

서보호(2024). AI를 활용한 소설 교육 방안 연구 – 소설에 대한 매체 및 장르 바꿔 쓰기를 중심으로. ≪비평문학≫, 145-172쪽.

유병민 외(2013). 대학 수업에서 개인적 성찰과 협력적 성찰이 학습동기 및 자기효능감에 미치는 영향. ≪교육정보미디어연구≫, 837-859쪽.

09
AI와 문학 교육의 실제

인공지능을 활용한 문학 수업은 학습자들에게 새로운 학습 경험을 제공하는 동시에 기존의 방식과는 다른 한계와 고민거리를 노출한다. 수업 설계와 설문 결과를 바탕으로, 인공지능 기반 문학 교육이 어떤 특징과 한계를 지니며 이를 어떻게 보완할 수 있는지를 구체적으로 살펴본다.

AI와 화장품?

인공지능 활용 수업과 학습자 반응

앞서 인공지능을 활용한 여러 가지 문학 교육 방안에 대해 살펴보았다. 인공지능을 활용한 방식들은 기존의 전문적인 기술들을 누구나 접근 가능한 도구로 바꿔 주고, 새로운 교육적 방법을 제시한다는 점에서 다양한 가능성을 보여 줬다. 그러나 모든 이론적이고 기술적인 방법들이 고유의 한계를 갖고 있다는 점을 환기해 본다면, 이러한 인공지능 활용 수업의 한계 또한 쉽게 발견될 수 있을 것이다.

이 장에서는 실제 수업에서 발생할 수 있는 한계들을 인공지능을 활용한 바꿔 쓰기 교육을 중심으로 논의해 보고자 한다. 수업에서는 학습자들에게 학습 과제 및 학습 활동을 부여한 후 과제 제출과 함께 설문에 응할 수 있도록 안내했다. 그리고 결과물에 대해 강의실에서 학습자들 간의 토의를 진행했다. 이를 바탕으로 설문 결과와 함께 수업 운영 과정에서 주목할 만한 구체적인 특징과 한계 및 보완점을 살펴본다.

설문은 2024년 4월 11~15일 사범대에서 국어 교육을 전공하는 총 25명의 대학생을 대상으로 온라인상에서 진행했으며, 설문의 세부 내용은 리커트 척도(매우 긍정-긍정-보통-부정-매우 부정)를 바탕으로 다섯 문항을 제시했다.

첫 번째 질문으로 '인공지능과 이미지 생성을 활용한 과제가 문학 교육과 관련된 이론을 이해하는 데 도움이 되는가?'를 제시했다. 대다수가 긍정적인 의견(72%)을 보였으며, 보통(28%)도 적지 않았다. 두 번째 질문도 긍정적 답변이 주를 이뤘다. '인공지능과 이미지 생성을 활용한 과제 수행이 작품에 대한 이해를 마련하는 데 도움이 되는가?'에 대해 긍정 및 매우 긍정 응답이 대다수(72%)였고, 나머지는 보통(28%)으로 답변했다.

세 번째 질문에 대해서는 앞선 문항들과 차이가 나타났다. '인공지능과 이미지 생성을 통한 과제 결과물이 자신이 처음에 기대한 것만큼 잘 나오는가?'에 대한 답변으로, 다른 항목에 비해 부정(32%) 및 매우 부정(8%)이 높게 나타났다. 즉, 기대에 미치지 못하는 결과물에 대한 실망감이 어느 정도 확인되었다.

네 번째와 다섯 번째 질문에 대해서도 긍정적인 답변이 우세했다. '인공지능과 이미지 생성을 다른 문학 수업에 활용하면 도움이 된다고 생각하는가?' 그리고 '나는 인공지능과 이미지 생성에 대해 평소 관심을 갖고 있다'에 대해, 각각 절반 이상의 학생들이 긍정 답변을 제출했다.

설문 내용에서 주목할 만한 점은 세 번째 질문과 관련된 항목이다. 이는 현재 인공지능과 이미지 생성 기술을 대학 및 중등 교육 과정에서 활용할 때 고려되어야 하는 점과 관련된다. 다른 항목과 달리 다수의 학생들이 "인공지능과 이미지 생성을 통한 과제 결과물이 자신이 처음에 기대한 것만큼 잘 나오는가?"라는 질문에 부정적인 답변을 한 것이다.

이는 인공지능 기술이 사용자가 원하는 결과물을 충분히 제시하지 못하고 있는 측면에 대한 것으로 이해될 수 있다. 그러나 과제를 수행하기 위해 수차례 요청 사항을 인공지능에게 전달하고 자신이 생각했던 방향으로 결과물을 얻은 학습자들은 오히려 처음에 불만족했던 경험들을 어떤 부분에서 해결할 수 있는지 과제 수행 과정에서 자연스럽게 체득할 수 있다.

이와 관련해 교육적인 차원에서 더 중요한 것은 학습자가 문학 작품과 학습자, 학습자와 인공지능 사이의 차이를 경험하는 것이다. 즉 인공지능이 제시하는 정제된 지식이나 학습자가 내면화하고 있는 지식을 정확하게 결과물로 얻어 내는 것이 아니라, 학습 과정 안에서 발생하는 이해의 불일치를 확인하고 성찰 활동을 수행함으로써, 소설에 대한 이해를 심화하고 자신의 작품 수용을 재정립하는 경험이 중요하다. 인공지능과 이미지 생성을 활용한 수업을 설계할 때 학습자들이 초기에 혼란을 느끼지 않도록 이러한 사항을 주의해서 안내해야 할 것으로 보인다.

첫 번째와 두 번째 질문에 대해서는 다수의 학생들이 긍정적인 반응을 보였으며, 네 번째 질문에서 드러난 바와 같이 이러한 방법을 다른 수업에서 활용하는 것에도 긍정적인 의견들이 주를 이뤘다. 이후 수업을 통해 학생들에게 이러한 설문 결과를 제시하고 인공지능을 활용한 문학 수업의 의미에 대해 토의했으며, 이를 바탕으로 인공지능을 활용한 문학 교육 방안의 구체적인 특징과 한계 및 보완점을 정리해 보았다.

AI 활용 문학 수업의 한계와 개선 방향

먼저 소설을 이미지로 바꿔 쓰는 활동과 관련해 학습자들은 다양한 반응을 보였다. 소설의 일부분 또는 전체를 인공지능 화가를 사용해 바꿔 쓰기 하는 과정에서 학습자들은 소설의 특정한 부분을 한 장의 이미지로 변환하거나 소설 전체의 흐름을 이해할 수 있게 여러 장의 이미지를 생성하기도 했다. 특히 여러 장의 이미지의 연결 관계를 통해 서사의 흐름을 담아내고자 할 때는 소설의 어떤 부분을 시작으로 삼을지, 어떤 주요 장면을 이미지로 바꿀 것인지 같은 점들이 과제를 수행하는 과정에서 고려 대상이 되었다. 이를 통해 서사에서 무엇이 중요한지를 고민해 보는 동시에, 같은 작품을 시간의 흐름을 기준으로 서로 다르게 바꿔 쓰기 한 경우 비교해 볼 수 있는 기회를 얻기도 했다.

소설을 이미지로 바꿔 쓰는 경우에도 여러 가지 한계점이 존재한다. 모더니즘 계열의 작품처럼 구성이 복잡하거나 줄거리를 파악하기 힘든 경우, 서사의 흐름을 여러 장의 이미지로 충분히 담아내기 어려웠다. 한 장의 이미지로 추상적이고 압축적인 의미를 담아내는 경우도 있었지만 이미지와 소설의 거리가 먼 경우들이 발생한 것이다. 물론 이러한 경우에도 추가적인 정보를 입력해 학습자가 원하는 결과물을 확보할 수 있다. 즉 매체 바꿔 쓰기를 활용해 원작 텍스트를 재생산하는 경우, 인공지능을 활용하는 사용자의 의도나 해석이 결정적인 영향을 미칠 수 있지만, 이를 활용하면 더욱 다양한 텍스트를 재생산할 수 있는 것이다.

소설 장르를 시 장르로 바꿔 쓰는 활동도 이뤄졌다. 학습자들은 자신이 기존에 읽었던 교과서 속 소설을 대상으로 학습 활동을 진행했다. 대부분 흥미로운 반응을 보였고, 주목할 만한 부분은 소설의 서술자를 어떻게 다룰 것인가였다. 가령 「운수 좋은 날」, 「사랑손님과 어머니」, 『만세전』은 모두 서술 시점이 다른 작품으로 이를 단순히 시 장르로 바꿔 쓰기 할 경우 원작 소설의 특성이 희미해지는 효과가 발생했다. 일부는 서술자의 특성을 인공지능이 학습할 수 있도록 설명을 추가했고, 일부는 그러한 차이를 의식하지 않고 바꿔 쓰기를 수행했다. 과제의 목적은 원작 텍스트를 가장 뛰어나게 모방하거나 완성도가 높은 창작물을 얻는 것이 아니었기 때문에, 학습자들 사이의 차이를 비교함으로써 과제별로 '서술자'가 어떻게 바꿔 쓰기 되었는지 논의하는 것이 더 의미가 있었다. 즉 결과가 만족스럽지 않더라도 추가적인 활동을 통해 소설의 특징을 배울 수 있는 기회를 얻은 것이다.

장르 바꿔 쓰기 과정에서 드러난 한계로 소설과 시에 대한 이해를 심화할 수 있는 경우도 있었다. 가령, 한용운의 시를 소설로 바꿔 쓰는 경우처럼, 작품의 주제나 의미가 텍스트 표면에 구체적으로 드러나지 않을 때, 결과물이 원작 텍스트에 대한 이해와 거리가 있는 경우들이 있었다.

이러한 경우에도 한계를 활용해 학습자들에게 문학의

다양한 맥락을 추가적으로 설명할 수 있다. 가령 한용운의 「님의 침묵」(1926)의 경우 작품을 둘러싼 불교적 맥락을 읽어 낼 수 있지만, 이는 시인의 사회적 위상을 적극적으로 해석할 경우 드러나는 부분일 뿐 사전 학습이 없는 경우, 시어들을 통해 직접적으로 이해하기는 어렵다. 학습자들은 「님의 침묵」을 소설로 구성하는 과정에서 이 작품이 역사적 상황이나 종교적인 의미를 갖기보다는 대중적인 연애소설로 바뀌 쓰기 되는 것을 발견했다. 인공지능의 한계를 지적할 수도 있지만, 오히려 해당 과정에서 학습자들이 이해한 「님의 침묵」과 인공지능이 작품을 이해하는 것을 비교해 볼 수 있었고, 인공지능을 더 적절하게 다룰 수 있는 방법을 추가할 수 있게 되었다.

인공지능은 중층적인 문학의 특징을 자동으로 이해하고 반영하기보다는 표면에 서술되고 있는 단어들에 집중하는 경향이 있었으며, 이로 인해 학습자가 원하는 결과보다는 다소 왜곡된 결과물을 제시하기도 했다. 다만 학습자는 장르적 특징을 인공지능에게 충분히 숙지시키는 과정에서 장르의 특징이 무엇인지 인공지능에게 질문할 수 있으며, 이를 통해 얻은 지식을 다시 결과물에 적용할 수 있다는 점에서 유연한 접근이 가능하다. 단순히 표면에 드러난 의미가 아니라 어떤 특성으로 이러한 맥락이 형성되었는지 인공지능과 학습자가 함께 이해를 심화해 나갈 수 있는 것이다.

참고문헌

서보호(2024). AI를 활용한 소설 교육 방안 연구 - 소설에 대한 매체 및 장르 바꿔 쓰기를 중심으로. ≪비평문학≫, 145-172쪽.

염상섭(2005). 『만세전』. 문학과지성사.

주요섭(2021). 『사랑손님과 어머니』. 문학과지성사.

한용운(2022). 『님의 침묵』. 열린책들.

현진건(2008). 『운수 좋은 날』. 문학과지성사.

10
미래 문학 교육의 방향과 AI의 활용 가능성

급변하는 디지털 시대에 인공지능은 이미 다양한 교육 영역에서 실제적인 영향력을 발휘하고 있다. 현장에서는 AI 기술을 접목한 새로운 교육 모델이 빠르게 시도되는 추세다. 이러한 기술 혁신의 물결 속에서 문학 교육은 어떤 방향으로 나아가야 할 것인가. 미래 문학 교육의 패러다임 변화를 전망하며, AI 시대에 필요한 교육적 접근과 제언을 제시하고자 한다.

종교와 AI?

AI 시대 문학 교육, 어디로 가야 하나

인공지능 기술은 우리가 원하건 원하지 않건 교육 전반에 큰 변화를 가져올 것으로 보인다. 기존에 디지털 리터러시를 중심으로 논의되어 왔던 흐름은 이제 인공지능을 교육 현장에서 어떤 방향으로 수용할 것인가의 문제로 발전했다(김태호, 2023; 문희경, 2023). 이러한 논의를 바탕으로 한 여러 교육 혁신은 이제 AI 기반 시스템과 결합해 더욱 고도화되고 있는 실정이다. 가령 학습자 데이터 분석, 개인화된 피드백 같은 방식은 이미 일부 교육 현장에서 활용되고 있고, 문학 교육에서도 이러한 변화와 다양한 접점을 모색할 수 있다.

예를 들어 인공지능이 학습자의 관심사나 독서 이력을 분석해 맞춤형 문학 작품을 추천해 주는 시스템이 도입될 수 있다. 즉 하나의 작품을 모든 학생들이 동일한 방식으로 학습하는 것이 아니라, 특정 주제나 개념을 전제해 두고 이를 다양한 작품 수업에서 활용할 수 있을 것이다. 교사는 직접 학습 자료를 선별할 필요가 줄어들 것이다. 수업 준비 차원뿐만 아니라 교실에서 AI 챗봇을 활용해 학습자가 작품 속 등장인물과 가상의 대화를 시도하는 경우를 상정해 볼 수도 있다. 학습자는 문학을 '읽는' 것을 넘어서 문학과 '대화'하는 과정에서 더 다양한 체험을 할 수 있게 될 것이다.

인공지능이 제공하는 새로운 교육적 방법들은 문학 교육의 효율성과 흥미를 높일 수 있지만 경계해야 할 부분도 엄연히 존재한다. AI가 가져올 결과가 지나치게 기술 우호적으로 흘러서 교육의 근본적인 목적을 훼손하거나 학습자가 스스로 사고하는 과정을 방해해서는 안 된다. AI 시대에 문학 교육이 나아가야 할 방향은 '편의성'의 확대가 아니라 '체험'의 확대이자 '성찰'의 확대가 되어야 할 것이다.

이러한 차원에서 인공지능 시대에는 문학 교육의 역할이 더욱 커질 것으로 보인다. 그 이유는 문학 고유의 가치 때문이다. 기술이 발달하면 할수록 기계가 대체하기 어려운 인간 고유의 영역에 대한 관심 증대와 함께 인간이 어떤 존재인지에 대한 필연적인 물음이 동반할 것이다. 이에 대해 문학은 손쉬운 정답을 마련하고 있지는 않지만, 사유를 촉발하고 성찰할 수 있는 계기를 열어 준다. 작품을 통해 학습자는 인간에 대해 깊이 공감하고, 상상력을 확장하며, 윤리적 딜레마에 대해 사유하는 경험을 할 것이다.

이 과정에서 문학은 '비판적 사고'와 '창의적 사고'를 함께 필요로 한다. 작품 속 인물들이 겪는 갈등과 상황에

몰입하면서 독자는 자신만의 해석과 감상을 만들어 낸다. 이 과정은 기계가 빅 데이터로 분석한 통계적 값만으로는 대체할 수 없는 실제적 체험이 된다.

인공지능은 기술을 어떠한 방식으로 사용하느냐에 따라 문학 교육의 근본적인 가치를 더욱 빛나게 하는 도구가 될 수 있다. 문학 고유의 가치인 상상력, 비판적 사고, 윤리적 성찰과, AI가 제공하는 분석, 자동화, 편의성은 상호배타적인 것이 아니라 상호 보완적으로 존재할 것이다.

또한 AI 시대의 문학 교육은 AI 도구나 디지털 교과서를 도입하는 것만으로는 충분하지 않다. 교육 정책 전반에서 종합적인 지원 방안을 마련해야 한다. 먼저 교사의 역할이 더욱 중요해질 것이다. 교사들은 교육 현장에서 새로운 기술의 도입뿐만 아니라 기술이 가져올 문제까지 제일 먼저 마주하게 될 것이기 때문이다. 이에 대비하기 위해 교사들은 AI 활용 능력뿐 아니라 AI가 제공하는 결과를 어떻게 해석하고 활용할지, 그리고 학습자의 학습 활동에 얼마나 개입할지에 대한 기준을 갖춰야 한다(김동주, 2025).

다음으로 교육 과정에서 문학 교육에 AI가 결합될 수 있도록 학습 목표와 내용을 재구조화할 필요가 있다. 가령 고등학교 문학 교과에서 특정 범위를 AI 프로젝트형 수업으로 구성하는 방안을 모색해 볼 수 있다. 또한 학습자들이 특정 작품을 AI 언어 모델로 분석하거나 스토리텔링을 시도해 볼 수도 있을 것이다. 평가 방식의 변화도 중요하다. AI가 대신 답변할 수 있는 영역이 넓어지고 있기 때문에 기존의 평가 방식으로는 학습자의 학습 능력을 온전히 평가하기 어려워진다. 이에 대비하기 위해 문제 중심 학습이나 프로젝트 기반 평가, 협업 창작 평가 등 새로운 평가 모델을 현장에 맞게 재구성해야 한다.

하지만 이와 같이 다각적인 대비를 한다고 하더라도 정책적 지원 없이는 교사나 학교의 현장 능력만으로는 기술의 변화를 따라가기 어렵다. 국가 차원의 교육 정책, 예산과 인프라 지원이 뒤따라야 하며, 교사와 학습자는 안정적으로 AI를 활용할 수 있는 기회를 얻어야 한다. 즉 교사 능력 제고, 교육 과정 개선, 평가 방식 변화라는 세 가지 항목을 중심으로 인공지능 시대의 문학 교육의 위치를 재설정해야 할 것이다.

AI가 열어 줄 새로운 문학 교육 지평

AI 시대의 기술 변화가 학문 분야 간의 경계를 허물고 있다는 점을 고려해 볼 때, 문학 교육의 발전 역시 단순히 문학 교과 내부에서만 진행되어서는 안 될 것이다. 다양한 형태의 경계 허물기를 상정해 볼 수 있다. 가령 다른 교과와 융합한 프로젝트형 수업을 수행할 수 있다. 역사와 문학을 결합하는 경우, AI는 역사적 자료나 문헌을 분석해 학생에게 키워드나 사건의 흐름을 시각화해 줄 수 있다. 학생들은 이러한 자료를 바탕으로 역사적 배경을 반영한 문학 작품 창작에 도전할 수 있다. 예술과 문학을 융합해 학습자들이 소설과 시를 다양한 화풍의 이미지로 만들거나, 특정한 미술 작품을 토대로 스토리텔링을 수행함으로써 다학제적 능력을 발휘할 수도 있다. 융합형 수업은 학습자에게 문학의 특수성을 다른 과목과 비교해 이해할 수 있게 하며, 협업과 창의적 문제 해결 능력을 키울 수 있을 것이다.

이는 교사에게도 전문적 역량을 확장할 기회다. 교사는 AI 기술과 다른 교과 지식을 배우는 것뿐만 아니라, 팀 티칭을 통해 협력적인 수업 모델을 개발할 수 있다. 이는 학습자와 교사 모두에게 문학에 대한 전통적 이해를 넘어서는 확장된 시야를 제공할 것이다.

또한 학습자들도 교실이나 교과서라는 경계를 넘어서는 체험을 시도해 볼 수 있다. AI를 활용해 학습자들끼리 '협업 창작'을 시도한다면 전혀 다른 차원의 수업 경험이 가능해질 것이다. 가령 인터넷 기반의 협력적 창작 플랫폼을 마련하고, 학습자들이 AI 챗봇이나 자연어 생성 모델을 활용해 스토리를 릴레이 연재하거나 공동 창작하는 식이다.

이와 같은 형태의 다양한 문학 콘텐츠 플랫폼을 활용하면서 학습자들은 서로의 창의적 아이디어를 공유할 수 있고, AI가 제공하는 자동화된 제안과 인간의 상상력이 결합되는 과정을 경험할 수 있다. 이를 통해 학습자들은 교실과 교과서를 넘어서 타인과 협업하는 법, 책임감 있게 기술을 사용하는 법을 경험할 수 있다.

기술이 발전할수록 인간이 기술을 어떻게 바라보고 활용할지에 대한 올바른 태도를 갖추지 않는다면, 문학과 교육은 새로운 시대에 설 자리를 잃어버릴지도 모른다.

이러한 우려를 방지하기 위해서는, 인공지능을 활용한 어떤 형태의 교육 모델을 사용할 경우에도 반드시 학습 내용에 대한 성찰 학습을 할 수 있도록 체계화해야 할 것이다. 이를 통해 AI가 제공하는 결과물을 비판적으로 수용하는 태도를 기를 수 있을 것이다. 또한 표절이나 저작권 침해, AI 생성 결과물의 사용 범위, 개인 정보 보호 등의 윤리적 이슈도 함께 다뤄야 한다.

미래의 문학 교육은 인간성과 기술 사이의 균형점을 마련하는 데 있다. 인공지능이 제공하는 강력한 효율성과 편의성을 활용하면서도, 인간 고유의 사고 능력을 약화시키지 않는 교육 모델의 개발이 꾸준히 이뤄져야 한다. AI 시대에 문학 교육은 인간 본연의 역량을 더 소중히 여기면서, 학습자들에게 기술은 인간을 보완하는 것이지 대체하는 것이 아님을 끊임없이 환기하는 이정표가 되어야 한다.

맺음말을 대신해 인공지능 시대 문학 교육의 방향, 그리고 그 너머에 대한 생각을 밝혀 본다. AI 시대에 문학 교육이 맞이하는 미래는 많은 가능성과 약속으로 가득 차 있는 듯 보인다. 하지만 동시에 윤리적이며 교육적인 과제도 산재해 있다. 문학 교육은 AI 기술을 적극 활용함으로써 전통적인 교수 학습 방식을 뛰어넘는 새로운 지평을 열 수 있다.

새로움은 인간에게 이로움과 함께 괴로움을 가져올 수 있다. '인공지능의 확대'가 '인간 역할의 축소'라는 의미로 단순히 설명될 때, 그러한 괴로움은 더욱 커질 수 있다. 그 때문에 문학 교육의 변혁을 논하면서 인간은 무엇인지, 인간은 무엇을 할 수 있는지 질문이 필요하다. 그 질문이 미래의 학습자들에게 문학과 예술의 본질에 대한 성찰을 불러일으킬 것이다.

미래 문학 교육의 방향은 바로 이런 질문 위에 놓여 있다. 인공지능이 열어 줄 새로운 교육적 가능성을 수용하면서도, 인간 고유의 가치를 지켜 나가는 것. 이것은 결코 쉽지 않은 균형의 문제이기도 하다. 문학의 오래된 질문, 즉 "문학은 사회를 변화시킬 수 있는가"라는 질문에 답하는 과정에서 길을 찾을 수 있을 것이다. 그 안에서 우리는 문학의 가치를 다시 한번 발견하게 될 것이다.

참고문헌

김동주(2025). 생성 AI를 활용한 서사 창작교육 방법 탐색. ≪청람어문교육≫, 437-468쪽.

김태호(2023). 국어과 교육에서 AI의 수용 방향. ≪청람어문교육≫, 7-27쪽.

문희경(2023). 도구적 성격에 따른 국어과 AI 활용 방안 연구. ≪청람어문교육≫, 7-32쪽.

서보호

신라대학교 국어교육과 조교수다. 서강대학교 국어국문학과에서 문학박사 학위를 받았다. 서강대학교에서 글쓰기 강의를 했으며, 현재 백록어문교육학회 편집위원 및 한국문학회 지역이사 등으로 있다. 저서로는 『김유정 문학의 다원적 지평』이 있으며, 논문으로 "빅데이터 분석 방법을 활용한 교육 방안 연구"(2023), "네트워크 분석을 활용한 염상섭 『삼대』의 인물 연구"(2024), "김유정 소설의 계량언어학적 연구"(2024), "AI를 활용한 소설 교육 방안 연구"(2024) 등 16편이 있다. 한국리터러시학회 학술상(2024)을 수상했으며, 디지털 인문학 및 문학 연구, 문학 교육, 디지털 리터러시에 관심을 두고 연구를 진행하고 있다.